DER ZWEITE WELTKRIEG

DAS HEER

Krieg der Landser und Panzer

MOEWIG

Vom 100 000-Mann-Heer zur modernen Angriffsarmee

Krieg verloren, Kaiser abgedankt – Chaos im Deutschen Reich:
drohend geballte Fäuste, Hunger, Haß, Verzweiflung. Das Alltagsleben: ein hilfloser Wirrwarr, dazwischen die Reste des Feldheeres, frisch aufgestellte Freikorps und dagegen bewaffnete Arbeiter, Soldatenräte mit roten Armbinden, in Bayern sogar eine Räterepublik mit einer roten Armee.
Das Reich brauchte Soldaten. Reichspräsident Friedrich Ebert war von der Nationalversammlung ermächtigt worden, das bestehende Heer aufzulösen und eine »Vorläufige Reichswehr« zu formieren. Das war am 16. April 1919 – und nur im Schoße des Schicksals schlief das Wissen um die Zukunft: Die Keimzelle für ein Kaderheer war geschaffen. Aus der Reichswehr sollte dereinst die Wehrmacht – ein Volksheer – wachsen, das Europa erobern würde, von den Pyrenäen bis hin zu den Moskauer Vorstädten, vom Nordkap bis zum Mittelmeer, ja bis in die Wüstenstriche Nordafrikas.
Der künftige Oberste Befehlshaber der Wehrmacht und Oberbefehlshaber des Heeres trug schon die feldgraue Uniform: Der Gefreite Adolf Hitler befand sich seit Februar 1919 in München als Angehöriger der 2. Demobilmachungskompanie des 2. Infanterieregiments.
Das Reich war in Gefahr, die gerade erst entstehende »Vorläufige Reichswehr« mußte in bürgerkriegsähnliche Unruhen eingreifen: Auf Befehl des sozialdemokratischen Reichswehrministers Noske hatten zur »Vorläufigen Reichswehr« gehörende Freikorps den Abfall der Städte Magdeburg, Dresden und Braunschweig verhindert. Ende April 1919 zog die knapp zwei Wochen alte »Vorläufige Reichswehr« ins erste große Gefecht: Sie befreite München. Am 1. Mai drangen Freikorps in die Stadt ein, wo am Stachus Maschinengewehre, am Justizpalast Geschütze und beim Sturm auf das rote Hauptquartier Flammenwerfer eingesetzt wurden. Im Luitpold-Gymnasium hatten rote Milizen 20 Geiseln erschossen. Die rote Armee hatte keine Gnade gekannt, die Freikorps kannten sie auch nicht. Sie töteten über tausend Kommunisten.
Der Gefreite Adolf Hitler, später Vorkämpfer gegen den Bolschewismus, fehlte bei diesen Kämpfen. Doch wurde er kurz danach »Bildungsoffizier« (kein Dienstrang, sondern eine inoffizielle Bezeichnung) im Reichswehrregiment 41, quittierte jedoch am 1. April 1920 den Militärdienst.
Just zu der Zeit, da der Gefreite Hitler seinen Kameraden in München staatsbürgerliches Wissen vermittelte, schlugen sich deutsche Freikorps im Baltikum mit bolschewistischen Verbänden herum – eine verlorene und nahezu vergessene Armee. Als die Reichsregierung sie zurückbeorderte, brach das Freikorps »Eiserne Division« mit Ber-

Zwischen dem Todestag des Kaiserreiches im November 1918 und dem Geburtstag „Großdeutschlands“ im März 1938 liegt ein langer Weg deutscher Geschichte. Bild linke Seite: „Fertig“ - ein deutscher Panzer rollt vom Band.
Nach dem Zusammenbruch 1918 war die „Wiederherstellung von Ruhe und Ordnung“, so der sozialdemokratische Reichskanzler Friedrich Ebert in seinem ersten „Aufruf an die Mitbürger“, oberstes Gebot der neuen Regierung gewesen. Der „Spartakus-Bund“, der sich hingegen den Umsturz der Ordnung auf die Fahnen geschrieben hatte, erklärte sich am 31. Dezember 1918 zur „Kommunistischen Partei Deutschlands“ und begann in den ersten Januartagen 1919 in Berlin einen bewaffneten Aufstand gegen die junge Republik. Mit dem Ausspruch „Einer muß den Bluthund machen; ich scheue die Verantwortung nicht“ übernahm der SPD-Abgeordnete Gustav Noske (Bild rechts, mit Pelzkragen) den Oberbefehl über die von der Front heimkehrenden deutschen Truppen und ließ den Aufstand niederschlagen.

lin, mit der Reichswehr, mit dem Gehorsam: Das Freikorps blieb und schloß sich der antikommunistischen »Westrussischen Armee« an. Die Kriegführung war grausam. Von lettischen Kommunisten gefangene Deutsche oder Balten wurden gekreuzigt oder zerstückelt, und grausam war die Rache der Freikorpskämpfer. Ende November ging die »Eiserne Division« über Litauen nach Ostpreußen zurück. Zwei Monate zuvor waren es noch 10 000 Mann, 5 800 sahen die Heimat wieder. Sie brachten die Unruhe mit.

Am 28. Juni 1919 hatte die deutsche Reichsregierung den Friedensvertrag von Versailles unterschreiben müssen – fortan in Deutschland nur noch das »Versailler Diktat« genannt. Das Reichsheer durfte nicht mehr als 100 000 Mann umfassen. Mindestens 300 000 Mann mußten deshalb entlassen werden. Es grollte in den Kasernen.

Am 10. Januar 1920 trat der Friedensvertrag in Kraft. Die gespannte Atmosphäre kochte zur Siedehitze auf, als die Alliierten die Auslieferung von 895 »Kriegsverbrechern« forderten, darunter den Kaiser, den Kronprinzen, die Generalfeldmarschälle Hindenburg und Mackensen, die Generale Ludendorff und Falkenhayn.

Am 13. März 1920 marschierte die Marinebrigade Ehrhardt von Döberitz nach Berlin – ein schlecht geplanter Umsturzversuch nahm seinen Anfang: der Kapp-Putsch. Die Reichsregierung wich über Dresden nach Stuttgart aus, die sozialistischen Parteien, unterstützt von den Gewerkschaften, riefen den Generalstreik der Arbeiterschaft aus.

General von Lüttwitz und der Generallandschaftsdirektor Kapp bildeten die Putschregierung, hatten aber der Bevölkerung nichts zu sagen, das sie mitreißen konnte.

Die Freikorps „Bayern" und „Hamburg" – bereit, den Putsch zu unterstützen – kampierten auf dem Marsch nach Hamburg in der Heimfelder Mittelschule bei Harburg. Sie wurden von bewaffneten Arbeitern belagert und zusammengeschossen. Nachdem die Munition der Freikorpskämpfer verbraucht war, entschloß sich Hauptmann Berthold, ihr Führer, zur Kapitulation. Der Rest der Truppe wurde als Gefangene abtransportiert.

Der Generalstreik begann sich auszuwirken: Am 15. März war Berlin ohne Wasser, ohne Milch, Brot und Zeitungen. Im Ruhrgebiet nahm der Generalstreik bald die Formen eines bewaffneten Aufstandes an. In Leipzig, Magdeburg, Chemnitz, Halle, Kiel, Frankfurt/Main und Bitterfeld brachen in den folgenden Tagen Unruhen aus, Polizei und Reichswehr mußten gegen Aufständische eingesetzt werden. Die Aufrührer sahen die Dinge anders: Die Reichswehr war es, die einen Aufstand verursacht hatte.

Tatsächlich ging der Riß mitten durch die Armee. Der Oberbefehlshaber des Reichswehrgruppenkommandos 1, General von Lüttwitz, gehörte schließlich selbst der Putschregierung an – doch seiner Truppen konnte er nicht sicher sein. Der Chef der Admiralität, Vizeadmiral von Trotha, hatte sich nur widerstrebend dem Putsch angeschlossen, große Teile der Reichsmarine hielten sich heraus. Aber auch der größte Teil des Reichsheeres machte nicht mit.

Am Abend des 17. März 1920 war der Putsch gescheitert. Der nicht kompromittierte General von Seeckt übernahm die Heeresleitung. Das Blutvergießen aber ging weiter: Am 14. März – noch während des Putsches – war die Batterie Hasenclever (117 Mann) von mehreren tausend bewaffneten Arbeitern umringt. Hauptmann Hasenclever und 64 Mann wurden niedergemetzelt, die Überlebenden ins Gefängnis gebracht und dort mit Gewehrkolben erschlagen. Blutige Vorfälle ereigneten sich in den folgenden Tagen in Dinslaken, Recklinghausen und Wesel. Die »Rote Ruhr-Armee« entstand und verfügte über Geschütze, Minenwerfer und Maschinengewehre. Am 19. März hatte sich Hauptmann Weissenstein mit vierzig Mann im Wasserturm von Essen verschanzt. Als die Munition zur Neige ging, kapitulierten die Soldaten. Während sie den Turm verließen, eröffnete die »Rote Ruhr-Armee« erneut das Feuer. Der Offizier und zwanzig Mann fielen. Die übrigen wurden zum Schlachthof geführt und dort mit Beilen

Am 11. Februar 1919 wählte die Weimarer Nationalversammlung Friedrich Ebert (Bild rechts) zum Reichspräsidenten. Von Anfang an mußte sich die Republik von Weimar gegen Feinde aus den verschiedensten politischen Lagern zur Wehr setzen. Im April 1919 riefen Linksradikale in München die Räterepublik aus, gegen die Noske die erst im März formierte „Reichswehr“ aufmarschieren ließ. Bevor die regulären Truppen eintrafen, hatten sich in der bayerischen Hauptstadt schon heftige Straßenkämpfe abgespielt (Bild linke Seite: Angehörige der Münchener „Bürgerwehr“ führen bayerische Rotgardisten ab). Im März 1920 kam es in Berlin zu einem rechtsradikalen Umsturzversuch, der durch den von Noske verfügten Befehl zur Auflösung der Freikorpsbrigaden Ehrhardt und Löwenfeld ausgelöst worden war. Die vom selbsternannten Reichskanzler Kapp gebildete provisorische Regierung konnte sich aber nur wenige Tage halten, da die Reichswehr (Bild oben beim Einmarsch in Berlin) nicht mitzog und die Gewerkschaften zum Generalstreik aufgerufen hatten.

zerstückelt. Zur Reichswehr gehörende Freikorps rückten zum Angriff an. Die von den Kommunisten terrorisierte Bevölkerung stellte sich auf die Seite der Soldaten. Am 8. April war das Ruhrgebiet befreit. Jetzt aber setzte die Rache der Freikorps ein. Es kam zu Massenerschießungen. Nach damaligen Schätzungen lag die Zahl der Toten und Verwundeten der »Roten Ruhr-Armee« bei etwa 1000.

Im Deutschen Reich kehrte allmählich Ruhe ein, wenn auch die französische Armee Frankfurt und Darmstadt besetzte, sich aus den Freikorps Fememord-Kommandos entwickelten, im Mai 1921 die Freikorps in Oberschlesien kämpften und den Annaberg stürmten, Erzberger und Rathenau ermordet wurden. Aber die Reichswehr hatte Ruhe. Unter dem Befehl des Generals von Seeckt ging sie planmäßig daran, eine Kaderarmee zu werden: Jeder Mannschafts-

dienstgrad mußte befähigt sein, später mindestens einen Zug führen zu können. Entsprechend penibel wurde unter den Freiwilligen gesiebt, noch mehr aber unter dem Offiziernachwuchs. Erstaunlicherweise meldeten sich Abiturienten in großer Zahl und wollten den unattraktiv gewordenen Offizierberuf ergreifen, der nur geringe Aufstiegschancen bot. So trat nach bestandener Ausleseprüfung ein Klassenprimus am 1. Januar 1921 ins Artillerie-Regiment 6 in Schweidnitz ein: der Fahnenjunker Reinhard Gehlen, im Zweiten Weltkrieg Abteilungsleiter »Fremde Heere Ost« und nach dem Krieg Chef des Bundesnachrichtendienstes. Die Offiziere und ihr Nachwuchs dienten loyal einem Staat, den sie nicht mochten. Von Seeckt schrieb in einem Brief, ihm sei der demokratische Staat »wesensfremd«. Reichswehr und Republik waren ein Zweck- und Notbündnis eingegangen. Für alle Soldaten galt der strenge Grundsatz unpolitischer und unparteilicher Haltung – ein Prinzip, das General von Seeckt geradezu verkörperte. General Hoßbach notierte später: »Als Hüter der Ordnung lebte das Heer auf einer Insel des Nationalbewußtseins ein Dasein der Eigengesetzlichkeit.« Seeckt proklamierte für die Reichswehr nüchterne Arbeit.

Von 1920 bis 1926 war Generaloberst Hans von Seeckt (Bild rechts) Chef der Heeresleitung der Reichswehr, die er entscheidend beeinflußte und formte. Seeckt befürwortete eine entschiedene deutsche Revisionspolitik gegenüber Polen und unterstützte deswegen eine enge politische und militärische Verbindung zur Sowjetunion mit dem Ziel, die Reichswehr illegal weiter aufzurüsten.

Bilder linke Seite: Französische Truppen beim Einmarsch in das Rheinland 1921 (oben), der auf deutscher Seite einen energischen, aber passiven Widerstand auslöste („Ruhrkampf"). Unten: Zerstörung deutscher Stahlhelme nach der Niederlage von 1918.

Eine Anfechtung trat an ihn heran, als Adolf Hitler am 9. November 1923 in München putschte und Reichspräsident Ebert dem General von Seeckt die vollziehende Gewalt im Reich übertrug. Seeckt spielte mit dem Gedanken, selbst die Macht zu ergreifen, verwarf ihn jedoch bald. Er rettete mit der Reichswehr die Republik.

In späteren Jahren freilich betätigten sich auch einige Reichswehroffiziere politisch: Die Leutnants Ludin und Scheringer von der in Ulm liegenden Abteilung des Artillerieregiments 5 betrieben in der Truppe nationalsozialistische Propaganda. Beide wurden bei der Rückkehr von einer Übung auf offener Straße verhaftet. Vor dem Reichsgericht in Leipzig begann im September 1930 der Prozeß gegen Scheringer und Ludin. Hitler sagte als Zeuge aus. Die Leutnants wurden aus der Reichswehr ausgestoßen und erhielten je anderthalb Jahre Festungshaft. Draußen brüllte eine Menschenmenge: »Heil Hitler! – Rache, Rache!« Berittene Polizei mußte die Ordnung wiederherstellen.

Der Widerhall in der Reichswehr war gering. Ihre Führung hatte andere Sorgen: Es mußten moderne Waffen entwickelt werden. Die Sowjetunion half dabei: Im Einverständnis mit der Reichsregierung hatte General von Seeckt bereits 1921 eine Zusammenarbeit mit Rußland in die Wege geleitet. Ab 1924 wurden Panzer und Flugzeuge – durch den Versilles Vertrag verboten – auf sowjetischen Basen erprobt und Piloten ausgebildet.

Ein ganz anderes Problem war die Bildung von Reserven: Die Mannschaften der Reichswehr und die Unteroffiziere dienten grundsätzlich zwölf Jahre – nennenswerte Reservistenzahlen waren da nicht zu erwarten. Anfang der zwanziger Jahre stellte die Reichswehr daher »Zeitfreiwillige« ein, die nur drei Monate dienten. Außerdem bildeten sich lokale Heim- und Einwohnerwehren. In Bayern entstand ein starkes Milizheer unter der Schirmherrschaft der 21. Reichswehrbrigade, die »Organisation Escherich« (Orgesch). Nach dem Friedensvertrag waren alle diese Gruppierungen nicht legal und wurden bereits Anfang der zwanziger Jahre aufgelöst. Im Jahre 1923 formierte sich zum Schutz der Grenze zu Polen die »Schwarze Reichswehr«. Sie war 20 000 Mann stark und verschwand im selben Jahr nach einem gescheiterten Putschversuch in Küstrin von der Bildfläche.

Erst 1926 formierte sich eine zuverlässige Reservetruppe aus jüngeren Kriegsjahrgängen: der »Grenzschutz Ost«. Vier Jahre darauf wurden Vorbereitungen getroffen, um im Kriegsfall aus den sieben Reichswehrdivisionen (ohne die drei Kavalleriedivisionen) 21 Divisionen zu bilden: Für die aktiven Truppen wurde der organisatorische Rahmen für eine Dreiteilung geschaffen. Im Falle eines drohenden Angriffs sollte nach der Erklärung des Reichsnotstandes die personelle Ergänzung durch einen Aufruf von Freiwilligen – vornehmlich aus den Reihen der alten Frontsoldaten – gesichert werden.

Dieser A-(Aufstellungs-)Plan war kaum zu verwirklichen, weil nur wenige Waffen und noch weniger Munition vorhanden waren. 1932 wurde deshalb das »2. Rüstungsprogramm« entwickelt, das bis zum Jahr 1938 für einen Verteidigungsfall die Kampfführung des A-Heeres (Aufstellungs-Heer von 21 Divisionen) auf die Dauer von sechs bis acht Wochen rüstungsmäßig ermöglichen sollte.

Bild linke Seite: Paul von Hindenburg, seit 1925 als Nachfolger Friedrich Eberts deutscher Reichspräsident, beim Abschreiten einer Ehrenformation der Reichswehr. Bild ganz oben: General Freiherr von Fritsch nimmt den Vorbeimarsch des Berliner Wachregiments ab (1934). Bereits eine Stunde nach dem Ableben Hindenburgs am 2. August 1934 vereinigte Hitler die Ämter des Reichspräsidenten und des Reichskanzlers in seiner Person („Führer und Reichskanzler"). Noch am selben Tage ließ er auch die Armee auf sich persönlich vereidigen (Bild oben).

Die Reichswehrführung hatte nicht mit dem ehemaligen Gefreiten Adolf Hitler gerechnet – am 30. Januar 1933 nahm er vom Balkon der alten Reichskanzlei in Berlin aus den Vorbeimarsch seiner SA-Verbände ab. Bereits am 21. März betonte er am »Tag von Potsdam« seine nationale Haltung mit Festgottesdienst und einem Staatsakt in der Potsdamer Garnisonkirche über dem Grab Friedrichs des Großen. Geladen waren Veteranen aus dem Krieg von 1870, die Generalität der Reichswehr. Reichspräsident von Hindenburg in seiner alten Uniform drückte dem Reichskanzler Hitler lange die Hand. Es erklangen Orgelmusik und der Choral von Leuthen. »Am Schluß sind alle auf das tiefste erschüttert«, notierte Reichspropagandaminister Dr. Josef Goebbels.

Doch Hitlers »Nationale Revolution« verlief nicht so, wie sie sich der Stabschef der SA, Ernst Röhm, vorstellte: Seine SA sollte das nationalsozialistische Volksheer werden, nicht die Reichswehr. Röhm wetterte im Kreis von Vertrauten gegen Hitler, der ihm seine Macht beschneiden wollte und in ihm seinen gefährlichsten Widersacher sah. Am 30. Juni 1934 ließ Hitler die »Röhm-Revolte« blutig niederschlagen. Dabei wurden auch Leute umgebracht, die nichts mit Röhm zu tun hatten – unter anderen der General von Schleicher, letzter Reichskanzler vor Hitler (Dezember 1932/Januar 1933) und zuvor als Chef der Wehrmachtsabteilung eine der Schlüsselfiguren bei der Wiederaufrüstung Deutschlands. Reichswehrminister von Blomberg gratulierte Hitler zur »Säuberungsaktion«. Die Reichswehr war nun einziger »Waffenträger« und unterließ es, auf einer gerichtlichen Untersuchung des Todes des Generals von Schleicher, seiner Frau und des ebenfalls erschossenen Generalmajors von Bredow zu bestehen.

Am 2. August 1934 verstarb Reichspräsident Paul von Hindenburg. Hitler übernahm sein Amt und nannte sich nun »Führer und Reichskanzler«. Reichswehrminister von Blomberg ließ alle Soldaten der Armee den Fahneneid auf Adolf Hitler schwören.

Keine Rede war mehr von »A-Heer« und von »2. Rüstungsprogramm«. Die Reichswehr rüstete insgeheim auf und tat das, nachdem Hitler am 16. März 1935 die »allgemeine Wehrpflicht« verkündet hatte, auch offiziell. Aus der Reichswehr wurde die Wehrmacht.

Ziel des Heeresaufbaues waren 12 Korpskommandos mit zusammen 36 Divisionen. Die Armee vergrößerte sich schnell und litt unter Wachstumsschwierigkeiten. Es wurden fünfmal mehr Offiziere benötigt als bisher. Eine territoriale Organisation mußte aus dem Boden gestampft werden: Behörden für Musterung, Einberufung und Wehrüberwachung. Rüstungsindustrie und

Am 21. Mai 1935 erließ die Reichsregierung das „Wehrgesetz". Es legte eine 27jährige Wehrpflicht als „Ehrendienst am deutschen Volke" fest, der wie folgt abzuleisten war: Nach Vollendung des 18. Lebensjahres diente der Wehrpflichtige zunächst ein Jahr aktiv, trat dann in das Reserveverhältnis ein, oder gehörte der Ersatzreserve an, um nach Vollendung des 35. Lebensjahres, also nach 16 Jahren, zur Landwehr zu treten, der er über zehn Jahre, bis zum Ende des 45. Lebensjahres, zugeteilt bleiben sollte. Das Verbot der politischen Betätigung während des Dienstes mit der Waffe blieb nach wie vor aufrechterhalten.
Bild linke Seite: Soldaten der Reichswehr im Manöver. Bild oben: Truppenparade in Berlin.

Kriegswirtschaft wurden nahezu aus dem Nichts aufgebaut. Bisher fehlende Waffengattungen – vor allem Panzertruppen – waren aufzustellen, Lehr- und Versuchstruppen, Erprobungsstellen und Schulen sowie neue Ausbildungssysteme zu schaffen, Landesbefestigungen zu planen und vor allem eine Spitzengliederung der Wehrmacht zu bilden. Doch diese Spitzengliederung war unglücklich gewählt, unlogisch und trug sehr zu späteren Mißerfolgen bei. Das von der Reichswehr nicht gelöste Problem der Bildung von Reserven wurde ab 1935 durch die »8-Wochen-Soldaten« gelöst: Die »weißen Jahrgänge« – jene Männer, die zwischen 1901 und 1913 geboren worden waren und keinerlei militärische Ausbildung erhalten hatten – wurden zu achtwöchigen Grundwehrlehrgängen einberufen. Doch bis Kriegsbeginn konnte nur ein kleiner Teil der »weißen Jahrgänge« ausgebildet werden. Um die Wehrpflicht regulär abzuleisten, wurde erst der Jahrgang 1914 einberufen. 1938 verfügte das Heer über 450 000 – zum Teil mangelhaft ausgebildete – Reservisten.
Das schnelle Wachstum des Heeres verlief zudem nicht in gleichmäßig-stetiger Bahn, sondern erlitt starke Störungen durch politische Ereignisse: Am 7. März 1936 marschierten Teile der Wehrmacht in das bislang laut Friedensvertrag entmilitarisierte Rheinland ein – eine gewagte Operation. Die damals schwache Wehrmacht hätte bei einem entschlossenen Eingreifen der französischen Armee hinweggefegt werden können. Doch die Franzosen marschierten nicht. Für die Wehrmacht bedeutete die gelungene Aktion eine beträchtliche Umgruppierung, bestehende Pläne wurden umgestoßen, neue Garnisonen mußten bezogen werden.
Der Einmarsch in Österreich am 13. März 1938 kam für Teile des Heeres völlig überraschend. Die Eingliederung des österreichischen Bundesheeres in die Wehrmacht brachte einen erwünschten Kräftezuwachs – vor allem durch 1600 Offiziere. Der Heeresaufbau wurde erneut während der Sudetenkrise durcheinandergebracht: Starke Kräfte marschierten an der tschechoslowakischen und der französischen Grenze

auf. Mit dem Sudetenland gewann Hitler-Deutschland weitere wehrfähige Männer, neue Garnisonen und schließlich – beim Einmarsch in den verbliebenen Rest der Tschechoslowakei – auch eine leistungsfähige Rüstungsindustrie und die Ausstattung des tschechoslowakischen Heeres.
Weitere Anforderungen stellte ab Mai 1938 der mit Hochdruck betriebene Bau des »Westwalls«, einer ausgedehnten Befestigungszone von Aachen bis Lörrach. Insgesamt sanken damals der Ausbildungsstand der Truppe und das Können des zu schnell zusammengestellten Offizierkorps spürbar ab, doch wurde dieser Entwicklung durch harte Ausbildungsanforderungen erfolgreich entgegengewirkt. Auf Kasernenhöfen und Truppenübungsplätzen begann sich eine Armee zu formieren, die der Welt bald einen Schock versetzen sollte – doch die Truppe ahnte davon kaum etwas. Der Führer und Reichskanzler führte ausschließlich »Blumenkriege«.
Daß dies nicht immer seine Absicht war, zeigte er bereits am 5. November 1937. Er beschied damals den Reichskriegsminister von Blomberg, den Wehrmachtsadjutanten Oberst Hoßbach, die Oberbefehlshaber der drei Wehrmachtteile, von Fritsch, Göring und Raeder, und den Reichsaußenminister von Neurath in die Reichskanzlei. Zur Lösung der deutschen Frage, so erklärte ihnen Hitler, könne es nur den Weg der Gewalt geben. Spätestens 1943 bis 1945 müsse losgeschlagen werden. Generalfeldmarschall von Blomberg und Generaloberst von Fritsch – bisher mit Hitlers Aufrüstung einverstanden – ließen keinen Zweifel daran, daß sie den Krieg nicht wollten, und erhoben Einwände. Außenminister von Neurath stellte sich auf ihre Seite. Bald trat Reichswirtschaftsminister Schacht zurück – eine begrenzte Aufrüstung hatte er gutgeheißen, doch auch er sah, daß Hitlers Weg in den Krieg führte. Eine von Göring und Himmler gesponnene Intrige kam da für Hitler zur rechten Zeit: Im Januar 1938 berichtete Göring seinem Führer, daß die zweite Frau des Generalfeldmarschalls von Blomberg eine Vergangenheit habe, die sie als Gattin des Kriegsministers unmöglich mache, der Generaloberst von Fritsch aber habe sich homosexueller Vergehen schuldig gemacht. Blomberg und Fritsch wurden vom Dienst

Schon die „Weisungen für die einheitliche Vorbereitung eines möglichen Krieges", die am 26. Juni 1936 erteilt wurden, verfügten eine Verlängerung der Dienstzeit auf zwei Jahre und machten im Zusammenhang mit dem Vierjahresplan die Tendenz deutlich, daß Hitler auf den Krieg zusteuerte. Zitat: „Wenn es uns nicht gelingt, in kürzester Frist die deutsche Wehrmacht in der Ausbildung, in der Aufstellung der Formationen, in der Ausrüstung und vor allem auch in der geistigen Erziehung zur ersten Armee der Welt zu entwickeln, wird Deutschland verloren sein." Bild links: Blick in eine deutsche Panzerschmiede. Bild oben: Soldaten der Reichswehr zur Zeit der Weimarer Republik mit Panzerattrapen im Manöver. Bild rechte Seite: Vorführungen der Wehrmacht, hier der Vorbeimarsch der neuen deutschen Panzerwaffe, gehörten zum Zeremoniell der Nürnberger Reichsparteitage.

Schlechte Stimmung der Bevölkerung

Tagebuchaufzeichnung des Generalobersten Ritter von Leeb, 3.10.1939

Aussprache mit Generaloberst von Brauchitsch allein. Meine Meinung: schlechte Stimmung der Bevölkerung, keinerlei Begeisterung, keine Beflaggung der Häuser, alles erwartet den Frieden. Das Volk fühlt das Unnötige des Krieges. Wir Soldaten wissen ja aus der Besprechung Obersalzberg, daß der Führer diesen Krieg gewollt hat.

Alles deutet darauf hin, daß der Führer einen Angriff durch Belgien-Luxemburg, vielleicht Südteil Hollands beabsichtigt. Der Franzose ist aber nicht zu überraschen. Er weiß genau, wenn der Deutsche angreift, muß er durch Belgien. Die Franzosen haben ca. 60 Divisionen operativ frei. Überraschung nicht möglich. Unsere Blutopfer werden unendlich groß sein, und der Franzose wird doch nicht niedergerungen werden können. Ein Angriff gegen Frankreich wird nicht wie der Angriff gegen Polen geführt werden können, sondern langwieriger und äußerst verlustreich sein. Leider wird ja das Friedensangebot des Führers so sein, daß es die Engländer nicht annehmen werden. Darauf hat der Führer es wohl abgesehen. Wenn er dann angreifen will, dann tut er das, was die Franzosen sich wünschen, da sie dann selbst nicht anzugreifen brauchen.

Brauchitsch ist meiner Auffassung. Führer nicht leicht zu beeinflussen. Außerdem steht Brauchitsch immer allein, die anderen beiden (Oberbefehlshaber) tun meist nicht mit, obwohl Göring absolut für den Frieden ist. Brauchitsch hält den Entschluß anzugreifen oder nicht anzugreifen für eine Nervenprobe. Er hofft, daß der Führer die Nerven behält, den anderen den Angriff und die Neutralitätsverletzung zuzuschieben. Er hofft, wenigstens eine Entschlußfassung bis zum Frühjahr hinausschieben zu können.

Bilder linke und rechte Seite: Fotos aus der Wehrmachts-Propagandabroschüre „Trompeten blasen!", die insbesondere „die Wehrfreude der deutschen Jugend" und „die Begeisterung, dem Vaterland mit der Waffe zu dienen" zu fördern hatte.

Gleich nach der Machtergreifung, als Hitlers Machtstellung noch nicht gefestigt war, hofierte er die Generalität. Er brauchte den Sachverstand der Militärs, um sich ein Instrument zu schaffen, mit dem er später seine außenpolitischen Ziele verwirklichen konnte. Nach der „Blomberg-Fritsch-Krise" wurden dem Reichskriegsminister von Blomberg und dem Oberbefehlshaber des Heeres, Freiherr von Fritsch, wie es offiziell hieß, „mit Rücksicht auf ihre angegriffene Gesundheit" ihre Entlassungsurkunden ausgehändigt. Dies nutzte Hitler (Bild oben: beim Kartenstudium im Manöver) zur „Stärkung der politischen, militärischen und wirtschaftlichen Konzentration". Er selbst übernahm den Oberfehl über die gesamte Wehrmacht. Chef des Oberkommandos der Wehrmacht wurde General Wilhelm Keitel, Oberbefehlshaber des Heeres General von Brauchitsch (Bilder rechte Seite von oben nach unten).

suspendiert. Generaloberst von Fritsch war mit einem Homosexuellen gleichen Namens verwechselt worden, Fritschs Unschuld stellte sich bald heraus – doch nie wurde er offiziell rehabilitiert. Der Oberst Hoßbach wurde gleichfalls entfernt. Den Abschied erhielten die Inspekteure der Panzertruppe, der Kavallerie und der Kriegsschulen sowie mehrerer Kommandierende Generale, insgesamt 16 Generale – 44 andere wurden auf zweitrangige Posten versetzt. Der Reichsaußenminister von Neurath wurde durch Ribbentrop ersetzt. Hitler übernahm selbst den Oberbefehl über die Wehrmacht, die solchermaßen zu einem Vollzugsorgan der Parteidiktatur wurde. Die Generale waren dieser in der deutschen Geschichte einmaligen Situation nicht gewachsen. Die Ergebenheit des Generalfeldmarschalls von Blomberg und anderer gegenüber Hitler hatte sich gerächt.

Adolf Hitler war indes noch unsicher: »Beck wäre in der Lage, etwas gegen mich zu unternehmen.«

General Ludwig Beck, Chef des Generalstabs des Heeres, hielt Hitlers Außenpolitik in der Tat für friedensgefährdend und unternahm etwas. Im Juli 1938 versuchte er den Oberbefehlshaber des Heeres, Generaloberst von Brauchitsch, zu einer demonstrativen Erklärung der gesamten Generalität gegen den zu befürchtenden Krieg zu bewegen. Brauchitsch lehnte ab und verschwieg Becks Absichten gegenüber den Generalskameraden. Beck reichte den Abschied ein und wurde unter Beförderung zum Generalobersten entlassen.

Am 27. August 1938 – während der Sudetenkrise – übergab er seinem Nachfolger, dem General der Artillerie Franz Halder, die Amtsgeschäfte. Aber auch Halder erklärte am selben Tag dem Oberbefehlshaber des Heeres, daß er Hitlers Kriegspläne ebenso entschieden ablehne wie sein Vorgänger. Halder entwarf einen Umsturzplan mit Oberstleutnant Oster (OKW/Ausland/Abwehr) und dem General von Witzleben. Ziel war, den Ausbruch des Krieges zu verhindern. Sobald Hitler den Angriffsbefehl gegen die Tschechoslowakei erteilte, sollte die Reichskanzlei im Handstreich genommen, Hitler festgenom-

men und vor ein deutsches Gericht gestellt werden.
Doch Hitler erteilte keinen Angriffsbefehl: Die englische und die französische Regierung wollten Frieden um jeden Preis und stimmten dem deutschen Einmarsch ins Sudetenland zu. Unter dem Jubel der Bevölkerung zogen deutsche Truppen in das umstrittene Sudetenland ein – ein Blumenkrieg. Einen Hitler, auf dem Höhepunkt des Ruhmes und von seinem Volk angebetet, konnte man aber nicht beseitigen.
Das Verhängnis war nicht mehr aufzuhalten. Das Heer sah einer Reihe glanzvoller Siege entgegen, denen wenige Jahre später grausame Verluste, unmenschliche Leiden und eine Kette verheerender Niederlagen folgten.

Hitlers Bekenntnis zur Gewalt

»Hoßbach-Niederschrift«, 5.11.1937

Der Führer stellte einleitend fest, daß der Gegenstand der heutigen Besprechung von derartiger Bedeutung sei, daß dessen Erörterung in anderen Staaten wohl vor das Forum des Regierungskabinetts gehörte, er – der Führer – sähe aber gerade im Hinblick auf die Bedeutung der Materie davon ab, diese in dem großen Kreise des Reichskabinetts zum Gegenstand der Besprechung zu machen. Seine nachfolgenden Ausführungen seien das Ergebnis eingehender Überlegungen und der Erfahrungen seiner 4 1/2 jährigen Regierungszeit; er wolle den anwesenden Herren seine grundlegenden Gedanken über die Entwicklungsmöglichkeiten und -notwendigkeiten unserer außenpolitischen Lage auseinandersetzen, wobei er im Interesse einer auf weite Sicht eingestellten deutschen Politik seine Ausführungen als seine testamentarische Hinterlassenschaft für den Fall seines Ablebens anzusehen bitte.

Der Führer führte sodann aus:

Das Ziel der deutschen Politik sei die Sicherung und die Erhaltung der Volksmasse und deren Vermehrung. Somit handele es sich um das Problem des Raumes.

Die deutsche Volksmasse verfügte über 85 Millionen Menschen, die nach der Anzahl der Menschen und der Geschlossenheit des Siedlungsraumes in Europa einen in sich so fest geschlossenen Rassekern darstelle, wie er in keinem anderen Land wiederanzutreffen sei, wie er andererseits das Anrecht auf größeren Lebensraum mehr als bei anderen Völkern in sich schlösse.

Die deutsche Zukunft sei daher ausschließlich durch die Lösung der Raumnot bedingt, eine solche Lösung könne naturgemäß nur für eine absehbare, etwa 1 bis 3 Generationen umfassende Zeit gesucht werden.

Eine weitere Steigerung der Produktion unter Anspannung des Bodens, der infolge der Kunstdüngung bereits Ermüdungserscheinungen aufweise, sei kaum noch möglich und daher sicher, daß selbst bei höchster Produktionssteigerung eine Beteiligung am Weltmarkt nicht zu umgehen sei.

Zur Lösung der deutschen Frage könne es nur den Weg der Gewalt geben, dieser niemals risikolos sein. Die Kämpfe Friedrich d. Gr. und die Kriege Bismarcks gegen Österreich und Frankreich seien von unerhörtem Risiko gewesen und die Schnelligkeit des preußischen Handelns habe 1870 Österreich vom Eintritt in den Krieg ferngehalten. Stellt man an die Spitze der nachfolgenden Ausführungen den Entschluß zur Anwendung von Gewalt unter Risiko, dann bleibt noch die Beantwortung der Fragen »wann« und »wie«. Hierbei seien drei Fälle zu entscheiden:

Fall 1: Zeitpunkt 1943-1945.
Nach dieser Zeit sei nur noch eine Veränderung zu unseren Ungunsten zu erwarten. Die Aufrüstung der Armee, Kriegsmarine, Luftwaffe sowie die Bildung des Offizierskorps seien annähernd beendet. Die materielle Ausstattung und Bewaffnung seien modern, bei weiterem Zuwarten läge die Gefahr ihrer Veraltung vor ... Im Verhältnis zu der bis dahin durchgeführten Aufrüstung der Umwelt nähmen wir an relativer Stärke ab... Sollte der Führer noch am Leben sein, so sei es sein unabänderlicher Entschluß, spätestens 1943/45 die deutsche Raumfrage zu lösen.

Die Notwendigkeit zum Handeln vor 1943/45 käme in Fall 2 und 3 in Betracht.

Fall 2: Wenn die sozialen Spannungen in Frankreich sich zu einer derartigen innenpolitischen Krise auswachsen sollten, daß durch letztere die französische Armee absorbiert und für eine Kriegsverwendung gegen Deutschland ausgeschaltet würde, sei der Zeitpunkt zum Handeln gegen die Tschechei gekommen.

Fall 3: Wenn Frankreich durch einen Krieg mit einem anderen Staat so gefesselt ist, daß es gegen Deutschland nicht »vorgehen« kann. Zur Verbesserung unserer militär-politischen Lage müsse in jedem Fall einer kriegerischen Verwicklung unser 1. Ziel sein, die Tschechei und gleichzeitig Österreich niederzuwerfen, um die Flankenbedrohung eines etwaigen Vorgehens nach Westen auszuschalten...

Der »Sichelschnitt«

Um 13.15 Uhr klingelt am 9. Mai 1940 im »Union-Hotel« in Cochem an der Mosel, dem Quartier des Stabes der 1. Panzerdivision, das Telefon. Der Divisionskommandeur, Generalmajor Kirchner, wird verlangt. Er empfängt den lakonischen Befehl: »Fall Gelb – 10.5. – 5.35 Uhr.«

Die 1. Panzerdivision gehört mit der 2. und 10. Panzerdivision unter den Generalleutnanten Veiel und Schaal zum XIX. Panzerkorps des Generals der Panzertruppen Heinz Guderian, des geistigen Vaters der operativen Panzerkriegführung in Deutschland. »Fall Gelb« ist der Deckname für die große Westoffensive. Im Norden soll die Heeresgruppe B unter Generaloberst v. Bock die Niederlande nehmen und durch Belgien hindurch den Gegner angreifen. Im Mittelabschnitt hat die Heeresgruppe A unter Generaloberst v. Rundstedt die Aufgabe, durch die Ardennen hindurch, die allgemein als für Panzeroperationen ungeeignet angesehen werden, über die Maas hinweg mit Richtung auf Amiens und Abbeville die Mündung der Somme in den Ärmelkanal zu erreichen und die gegnerischen Kräfte in zwei Teile zu zerschneiden – jene Operation, die der britische Premierminister Churchill als »Sichelschnitt« bezeichnet hat.

Die Vorgeschichte dieser Operation beginnt 1936. Das Oberkommando der Wehrmacht hatte sich auf den Krieg mit Frankreich planmäßig vorbereitet. Es war beabsichtigt, gleichsam als Neuauflage des alten Schlieffenplanes von 1914, den Gegner frontal mit schwächeren Kräften zu binden, ihm durch einen einschwenkenden, starken rechten Flügel – hier sollte der Schwerpunkt liegen – die Flanke abzugewinnen und ihn zu vernichten. Die entscheidende Schwäche des Plans war aber, daß er auf der Hand lag, so daß ihm die Verteidigungsvorbereitungen des Gegners entsprachen, was die deutsche Generalität im Zweifel am Erfolg eines Krieges gegen Frankreich bestärkte.

Der spätere Generalfeldmarschall v. Manstein dagegen hatte Grundgedanken zu einem Operationsplan entwickelt, der ebenfalls auf Umfassung angelegt war, diese aber nicht auf einem oder beiden Flügeln vorsah, sondern auf einer doppelseitigen Umfassung nach Durchstoßen des Gegners basierte. Nicht die Zangenbewegung, sondern der nach dem Durchbruch in nördlicher und südlicher Richtung ausholende Schnitt einer Sichel war das Prinzip. Dieses Konzept erschien dem Oberkommando des Heeres zu kühn, um realisiert werden zu können. Die Entscheidung für den Sichelschnitt fiel, nachdem diese Grundüberlegungen Hitler von wohlmeinenden Befürwortern im Gespräch zugespielt und in den Mund gelegt worden waren. Hitler erkannte schnell die außerordentlichen Möglichkeiten einer solchen Operation und war von einem Erfolg überzeugt. Er befahl daraufhin persönlich die Entwicklung einer entsprechenden Angriffsplanung, die der Chef des deutschen Generalstabs, der General der Artillerie Halder, ausarbeitete. Hier liegt auch ein Schlüssel für die verhängnisvolle Überzeugung mancher Militärs, Hitler sei tatsächlich ein Feldherrengenie.

Die Spitze dieses Angriffskeils stellte die aus dem Panzer-Generalkommando

Die Siege in Polen 1939 und Frankreich 1940 hatten den Männern der Panzerwaffe (Bild linke Seite) großes Selbstvertrauen eingeflößt. Guderians Satz: „Nichts kann den Siegeszug der jungen deutschen Panzerwaffe hemmen - keine Straßensperre, kein Morast und kein Flußübergang!“ traf genau die Stimmung der Truppe. Schon gar nicht waren die Pansersperren an der deutsch-belgischen Grenze (Bild rechts) wie überhaupt an der gesamten Westfront geeignet, den Vormarsch der deutschen Panzer durch die Ardennen nach Frankreich hinein lange aufzuhalten.

XXII gebildete »Panzergruppe« des Generals der Kavallerie v. Kleist mit dem XIX. (Guderian) und dem XXXXI. Panzerkorps (Reinhardt) sowie dem XIV. Armeekorps (mot.) unter General der Infanterie v. Wietersheim mit drei motorisierten Infanteriedivisionen. In der Nordflanke würde das XV. Panzerkorps des Generals Hoth über Dinant den Angriff auf die Linie Dinant-Sedan unterstützen. Insgesamt standen somit zehn schnelle oder gepanzerte Großverbände zum entscheidenden Angriff auf dieser Linie bereit.

Die deutsche Panzerdivision verfügte im Durchschnitt über 250 Panzer der leichten Typen II und III. Der Gesamtbestand an Panzern belief sich auf 2574.

Heinz Guderian (Bild links: auf seinem Befehlspanzer) zog als junger Generalstabsoffizier die richtigen Schlüsse aus den Erfahrungen des Ersten Weltkrieges – er forderte geschlossene Panzerverbände, die in der Lage waren, selbständig zu operieren. Bild oben: Panzer und Infanterie auf dem Vormarsch in Frankreich.

Frankreich verfügte über weit stärkere Kräfte, 2665 leichte Panzer und 1550 mittlere und schwere Kampfpanzer. Doch die französische und ebenso die verbündete britische Panzerwaffe wurde noch nach den Regeln des Ersten Weltkrieges als Hilfswaffe der Infanterie verzettelt eingesetzt. Die Deutschen verfügten dank Guderian über eine einheitlich durch Funk geführte, im Großverbandseinsatz geschulte Panzertruppe.

Die Offensive war sorgfältig vorbereitet. Für den Aufmarsch im schwer durchfahrbaren Ardennengebiet östlich der Maas waren im voraus »Rollbahnen« festgelegt worden, die mit Vorrang den gepanzerten Einheiten zur Verfügung standen. Mit den Fliegerverbänden der Luftflotte 3 des Generals Sperrle war zuvor in gemeinsamen Kriegsspielen der Einsatz des II. Fliegerkorps unter General Bruno Loerzer und den Horizontal- und Sturzkampfgruppen des Generals v. Stutterheim abgestimmt worden. Nicht der große Luftschlag im Hinterland der feindli-

Bild oben: Panzer der 7. deutschen Panzerdivision, die sich ihren Beinamen „Gespensterdivision“ im Frankreichfeldzug durch ihren raschen Vormarsch und das unvermittelte Auftauchen hinter den feindlichen Linien erworben hatte (Bild links: Panzermänner bei einer Ruhepause nach stürmischer Offensive). Unter ihrem Befehlshaber Erwin Rommel (Bild rechte Seite bei den Übergabeverhandlungen mit einem französischen General) setzte die „Gespensterdivision“ am 15. Mai 1940 über die Maas bei Dinant, stand am 21. Mai südlich von Arras und erreichte am 10. Juni den Kanal bei Dieppe. Bild rechte Seite unten: abgeschossener „Char-B“, ein Opfer von Rommels Panzern.

chen Front war das Ziel. Die Flieger sollten vielmehr den vorwärts rollenden Panzermassen gleichsam als »fliegende Artillerie« den Weg bahnen und die feindlichen Artilleriestellungen außer Gefecht setzen. Diese Form des Luftwaffeneinsatzes stand klar im Widerspruch zu den Auffassungen Douhets, eines französischen Fliegergenerals, der seit den zwanziger Jahren in der ganzen Welt als der Schöpfer der klassischen Luftkriegslehre anerkannt war. Der spätere Erfolg aber hat der deutschen Auffassung recht gegeben und die unmittelbare Unterstützung des Heeres als wichtige Aufgabe von Luftstreitkräften bestätigt.
Auf Anregung Görings, des Oberbefehlshabers der Luftwaffe, wird am 10. Mai 1940 ein Bataillon des dem XIX. Panzer-Korps zugeteilten motorisierten Infanterieregiments »Großdeutschland« mit 150 Fieseler-Störchen hinter den ersten belgischen Verteidigungslinien abgesetzt. In drei Wellen wird diese Luftlandeaktion von Bitburg in der Eifel aus durchgeführt. Das Bataillon soll Straßen und Brücken für den Vormarsch der Panzer sichern und trägt erfolgreich zur Verwirrung beim Gegner bei.
Diese Luftlandung hat, verglichen mit der späteren Wegnahme von Fort Eben Emael, kein besonderes Aufsehen erregt, ist aber die Geburtsstunde der Umfassung aus der Luft (vertikale Umfassung), um wichtige und schwierige Geländeteile – der eigenen Truppe voraus – zu nehmen und offenzuhalten.
Die 1. Panzerdivision muß zunächst beim Grenzübergang Wallendorf-Martelingen über die Our hinweg Luxemburg durchschreiten. Nach der Beseitigung von Brücken- und Straßensperren ist der Weg frei. Am Nachmittag des 10. Mai 1940 rollen die Panzer mit dem weißen Eichenblatt – dem Kennzeichen der 1. Panzerdivision – an. Guderian, den seine Soldaten den »schnellen Heinz« nennen, ist vorn.
Vor der Panzergruppe v. Kleist steht in diesen Maitagen zunächst die 9. französische Armee des Generals Corap mit drei Korps, zwei leichten, einer motorisierten und sechseinhalb Infanterie-Divisionen. Das berühmte ostfranzösische Festungssystem der Maginot-Linie

ist hier schwach und dünn. An einen Durchbruch in den Ardennen hat niemand gedacht. Vielfach arbeiten die Bauern noch auf den Feldern, als die deutschen Panzerkolonnen durchrollen. Der französische Generalissimus Gamelin ergreift an dem historischen 10. Mai 1940 genau jene Maßnahme, die für die Deutschen bei ihrer Durchbruchsaktion zur Kanalküste einen wahren »Liebesdienst« bedeutet. Er schiebt die Masse seiner Kräfte, die 1. Heeresgruppe unter General Billotte mit 30 Infanterie- und 14 gepanzerten oder mechanisierten Divisionen, nach Nordosten vor, um den bedrohten Belgiern zu Hilfe zu kommen. Mit den Franzosen marschieren die drei Korps der britischen Expeditionsarmee unter General Lord Gort. Allerdings beläßt Gamelin die 2. französische Armee unter General Huntziger mit zwei Korps, zwei leichten und fünfeinhalb Infanterie-Divisionen und einer Kavalleriebrigade im Raum Longuyon-Sedan zur Deckung seiner Südflanke.
Am 13. Mai 1940 erreichen die deutschen Panzer zwischen Dinant und Sedan – wo 1870 Kaiser Napoleon III. vor den preußisch-deutschen Truppen kapituliert hat – die Maas. Sieben deutsche Panzerdivisionen gehen auf der ganzen Linie über den Strom. General Guderian setzt selbst mit einem Sturmboot über und trifft auf dem jenseitigen Ufer bereits auf Oberstleutnant Balck vom 1. Schützenregiment der 1. Panzerdivision.
Die 9. Armee des Generals Corap ist völlig zerschlagen und befindet sich mit den Resten auf der Flucht. Das unerhört rasche Vordringen erfüllt die deutsche Truppe mit einem ungewöhnlichen Elan, die Stimmung ist glänzend, die Verluste sind verhältnismäßig gering. Auf der Gegenseite fehlt es an einem großen Konzept, nur langsam begreift man im französischen Hauptquartier in Vincennes, welche Gefährdung von dem sich nach Westen vorschiebenden deutschen Angriffskeil aus den Ardennen ausgeht.
Damit ist der Plan General Halders aufgegangen: Der Ablenkungsangriff der Heeresgruppe B hatte beabsichtigt, den Gegner dazu zu veranlassen, starke Kräfte nach Norden zu verschieben. Die

Panzergruppe v. Kleist, als Angriffskeil der Heeresgruppe A, hatte die panzerabweisende Barriere der Ardennen überwunden, die Maginot-Linie an ihrer schwächsten Stelle durchstoßen und den schwierigen Maasabschnitt überschritten. Nach Vernichtung der 9. französischen Armee ist die Durchbruchsoperation so gut wie gelungen.
Bei Sedan versucht allerdings nun die 2. französische Armee des Generals Huntziger in erbitterten Gegenangriffen, unterstützt von starken eigenen Luftverbänden, die deutschen Brückenköpfe westlich der Maas wieder einzudrücken und die Brücken zu zerstören. Eine Zeitlang sind die Höhen von Stones heftig umkämpft, dann brechen die französischen Angriffe zusammen. Generaloberst v. Rundstedt, Oberbe-

Im Westfeldzug trat die deutsche Panzerwaffe gegen einen zahlenmäßig und zum Teil auch qualitativ überlegenen Gegner an. Dem schwersten deutschen Panzer (Panzer IV) waren die französischen Kampfwagen an Bewaffnung und Panzerung überlegen. Doch die bessere Führung und die größere Entschlossenheit waren auf deutscher Seite.

Bild oben: Ein deutscher Panzer fährt in eine nach harten Kämpfen stark verwüstete französische Ortschaft ein. Bild rechts: der Turm eines abgeschossenen französischen Panzers. Bild linke Seite: in Brand geschossene britische Panzer.

fehlshaber der Heeresgruppe A, erscheint selbst bei den Maas-Brücken und gerät zusammen mit General Guderian in einen französischen Fliegerangriff. Mit stoischer Ruhe erkundigt sich der alte Herr, ob das hier immer so sei. Die Antwort lautet: »Meistens.«
Guderian befiehlt nun der 1. und 2. Panzerdivision, mit allen Kräften weiter nach Westen über den Ardennen-Kanal hinweg vorzustoßen. Solange man selbst in Bewegung bleibt – so seine Worte in seinen Erinnerungen –, hält man den Gegner in Bewegung. Das vorzüglich ausgebaute Straßennetz jenseits der Maas in Belgien und Frankreich erleichtert schnelles Operieren. Der Gegner hat die gleiche Chance, nutzt sie jedoch kaum. Am 16. Mai freilich versucht der rasch zum General beförderte Charles de Gaulle – in Frankreich Befürworter einer starken gepanzerten Stoßarmee –, an der Spitze der neugebildeten 4. französischen Panzerdivision den Deutschen in die sich ausdehnende tiefe Südflanke zu fallen. Da hier, wie häufig in der Folgezeit, von Sperrverbänden Gebrauch gemacht wird, schlägt ein Angriff aus dem Raum Laon nicht durch. Sperrverbände sind schnell zusammengeraffte Kräfte, oft Pioniere und Panzerjäger, die angreifenden Feindverbänden entgegengeworfen werden, um Gegenangriffe rechtzeitig abzuschlagen. Einzelne Panzer de Gaulles brechen allerdings bis zum Holnonwald durch, wo der Korpsgefechtsstand des XIX. Korps, gedeckt durch 2-cm-Heeresflak-Geschütze, sitzt. Guderian durchlebt ungemütliche Stunden. Dann drehen die französischen Panzer ab. De Gaulles Aktion bleibt eine Einzelerscheinung.
Mit dem Scheitern des Gegenangriffs ist der Durchbruch endgültig erfolgreich abgeschlossen. Nach sieben Tagen Offensive ist der Weg zur Kanalküste nahezu frei.
Jede große Panzeroffensive trägt ihre Krise in sich, sei es wegen Überdehnung der Kräfte oder wegen Nachschubschwierigkeiten. In diesem Fall löst Hitler, Oberbefehlshaber der Wehrmacht, durch seine Nervosität die Krise aus. Am 17. Mai 1940 erscheint um 7 Uhr morgens General v. Kleist auf Guderians Gefechtsstand in Soize und macht ihm heftige Vorwürfe wegen seines zu raschen Vorgehens. Guderian bittet sofort um Enthebung vom Kommando. Kleist nickt nur dazu und betraut sofort Generalleutnant Veiel von der 2. Panzerdivision mit Guderians Vertretung.
Dagegen erhebt die Heeresgruppe A Einspruch, verfügt, Guderian habe auf seinem Posten zu bleiben, und schickt Generaloberst List, Oberbefehlshaber der 12. Armee, zum XIX. Korps. List,

Schon früh hatte Charles de Gaulle dafür plädiert, eine moderne Panzerwaffe aufzubauen. Doch Frankreichs Panzer wurden weiterhin nach einer veralteten Militärdoktrin geführt, nämlich als Begleitschutz der Infanterie und als Ersatz für die einstmals berittenen Aufklärungstruppen. Die Masse der Panzerwagen, Zehn- bis Zwölftonner der Typen „Hotchkiss“ und Renault „R-35“ (Bild links) sowie der 20 Tonnen schwere „Somua 35“ wurden bataillonsweise an der Front „verkleckert“. Die „Hotchkiss“ und „Renaults“ Baujahr 1935, so bemängelte de Gaulle, waren zu kurzatmig motorisiert und zu kleinkalibrig bewaffnet. Die stark armierten Kampfpanzer „Char-B“ (Bild rechte Seite unten) und „2 C“ (Bild rechte Seite oben), Ungetüme von mehr als 30 Tonnen, standen nicht in ausreichenden Stückzahlen zur Verfügung. Als sich die de Gaulleschen Thesen als richtig erwiesen hatten, waren die Deutschen bereits am Kanal und in Paris.

206

ein sehr bedachtsamer Schwabe, fragt verblüfft, was denn hier los sei. Guderian schildert die Lage und erfährt von List, Kleist habe auf Grund einer »Führer«-Weisung gehandelt. Da – so List – müsse man gehorchen. Guderian behält jedoch das Kommando. List verfügt weitere »kampfkräftige Aufklärung«. General Halder notiert am selben 17. Mai 1940 in seinem Tageskalender, der »Führer« sei »ungeheuer nervös«. Am liebsten würde er die ganze Aktion abbrechen. Hitler fürchtet für die lang und länger werdende tiefe, ziemlich ungedeckte Südflanke des Panzerkeils, fürchtet, die Kräfte der Panzerdivision, die noch für den zweiten Akt des Frankreichfeldzuges, die Offensive auf Paris, gebraucht werden, könnten verschlissen werden. All dies ist unbegründet.

Hitler hatte die Kühnheit des »eigenen« Operationsplans nicht voll durchschaut. Durchbruchsoperationen dieser Tiefe, die die Konzentration aller Kräfte, auch unter Entblößung der Flanken, an der entscheidenden Stelle verlangen, sind ohne bewußte Inkaufnahme dieses Risikos gar nicht durchführbar. Darüber hinaus gilt: Wer umfaßt, setzt sich immer der Gefahr aus, selbst umfaßt zu werden. Was Hitler nicht sah, war die sich entwickelnde riesige Umfassungsschlacht gegen die vor der Heeresgruppe B ausweichende Hauptmasse des belgisch-französisch-britischen Heeres in Flandern und im Artois. Nach der Planung General Halders sollte der bis auf die Kanalhäfen Boulogne, Calais und Dünkirchen vorgestoßene Panzerkeil mit der restlichen Heeresgruppe A dann zum Hammer gegen die eingeschlossenen alliierten Kräfte werden, während der Heeresgruppe B bei diesem Schlußakt die Rolle des Ambosses zufallen sollte.

Die Gegner der Wehrmacht lernten schnell die neue deutsche Taktik der Verbindung von Panzern und Schlacht- oder Tieffliegern kennen und fürchten. Bilder oben und linke Seite: Französische Soldaten ergeben sich den deutschen Angreifern. Was die Deutschen in den Jahren 1939 und 1940 so erfolgreich praktizierten, fand allerdings gelehrige Schüler. Die Briten so gut wie die Amerikaner und die Russen lernten die neue Kampfesweise schnell, und dank größerer Wendigkeit in technischen Neuentwicklungen waren sie den Deutschen bald überlegen.

Die von Generaloberst List zugestandene »kampfkräftige Aufklärung« führte zum Höhepunkt der ganzen Operation. Nach dem 17. Mai brechen Guderians und Reinhardts Panzer über Péronne und die Somme, Amiens und Abbeville zur Kanalküste durch. Am 20. Mai 1940 gegen Mittag erscheinen die deutschen Panzer überraschend in Amiens, eine britische Feldbatterie wird mit Manöverkartuschen auf dem Exerzierplatz gefangengenommen. Niemand hat mit dem Auftauchen der Deutschen gerechnet. Die Verwirrung auf den Straßen wächst.

Noch in der Nacht vom 20. zum 21. Mai 1940 erreicht aus dem Raum Noyelles heraus ein Bataillon der 2. Panzerdivision als erste deutsche Truppe die Kanalküste – zehn Tage nach dem Beginn von »Gelb«.

Damit kann der Angriff auf die drei Kanalhäfen beginnen, wo Versuche des Gegners erkennbar werden, mit Hilfe englisch-französischer Flottenkräfte Truppen über See zu evakuieren. Guderian will die 2. Panzerdivision auf Boulogne ansetzen – das sehr schnell noch am 21. Mai in deutsche Hand gerät, die 1. auf Calais, wo der britische Brigadier

Nicholson verzweifelt Widerstand leistet. Der Angriff auf Dünkirchen verschiebt sich, weil die Panzergruppe Kleist die 1. Division als Reserve aussparen will. Zusätzlich zu dem motorisierten Infanterieregiment »Großdeutschland« erhält das XIX. Panzerkorps auch die motorisierte »Leibstandarte Adolf Hitler«, einen Waffen-SS-Verband.

Inzwischen befiehlt das Oberkommando des Heeres – Generaloberst v. Brauchitsch und General Halder –, ohne Hitler viel zu fragen, der Panzergruppe und der 4. Armee des Generals v. Kluge im Sinne der Schließung des sich abzeichnenden Kessels das Einschwenken nach Nord-Nordost. Guderians Korps wird Kluge unterstellt, und beide treten zwecks besserer Koordination unter den Oberbefehl der Heeresgruppe B. Guderian will unbedingt die Kanalhäfen nehmen, um den Gegner daran zu hindern, Truppen über See abzutransportieren. Schließlich löst die 10. Panzerdivision die vor Calais festliegende 1. Panzerdivision ab. Die 1. wird nun auf Dünkirchen angesetzt und erreicht nach Überschreiten des Aa-Kanals am 24. Mai 1940 eine Linie 10-18 Kilometer südlich von Dünkirchen.

Guderian sieht mit eigenen Augen, wie der Gegner Truppen auf ungezählte kleinen Schiffseinheiten verlädt. Für den 25. Mai ist die Wegnahme von Gravelines und Dünkirchen geplant – Schlußstein für die Kesselschlacht in Flandern und im Artois. In all diese Erwägungen platzt am 24. Mai 1940 ein allgemeiner Halt-Befehl des »Führers«. Guderian in seinen Erinnerungen: »Wir waren sprachlos.« Immerhin – ein Führerbefehl. Niemand vermag einen Grund dafür zu erkennen. Selbst Guderian zügelt seinen Unmut. Jedenfalls wird jedes Überschreiten der Aa-Kanallinie untersagt.

Am 24. Mai fliegt Hitler zum Hauptquartier der Heeresgruppe A nach Charleville-Mézières. Der alte Rundstedt scheint skeptisch zu sein, ob die Panzer in dem Poldergelände um Dünkirchen noch viel herausholen können. Hitlers Nervosität hat seit dem unseligen 17. Mai noch zugenommen. Auf Grund seiner Weltkriegserfahrungen glaubt er die »flandrischen Sümpfe« zu kennen.

Aber das ist es nicht, was seine Erregung zum Wutausbruch steigert. Er erfährt von Brauchitschs und Halders Umdispositionen bezüglich der 4. Armee. Sein Zorn kennt keine Grenzen. Wer führt das Heer? Diese Generale, denen er nie traut, oder er, der »Führer«? Infolgedessen stoppt er alle Bewegungen. Den Riesenkessel von 80 mal 50 Kilometer in Flandern und im Artois verliert er dabei ganz aus den Augen.

General Halders schöner Plan verkehrt sich, als am 26. Mai die Bewegungen endlich wieder freigegeben werden, ins Gegenteil. Die Heeresgruppe A muß die Rolle des Ambosses übernehmen, B unter Generaloberst v. Bock diejenige des Hammers. Und die Bewegung gegen Dünkirchen kommt am 27. Mai nur langsam voran. Großbritannien kann bis zum Fall von Dünkirchen am 4. Juni 1940 die Elite seiner Armee, rund 338 000 Mann, wenn auch ohne schwere Waffen, über den Kanal nach der Insel schaffen. Der Sieg in der Kesselschlacht bleibt ein halber Sieg. Dünkirchen soll die Luftwaffe »erledigen«, eine Aufgabe, die bereits über deren Kräfte geht.

Gewiß waren auch die Kräfte der Panzereinheiten aufs äußerste in Anspruch genommen. Vor Dünkirchen hatten bei der 1. Panzerdivision das 1. Regiment noch 65, das 2. nur noch 17 einsatzbereite Panzer. Der Gesamtbestand der Gruppe Kleist betrug etwa noch die Hälfte des ursprünglichen Bestandes, 650 Stück. Aber der »Halt-Befehl«, den die Mannschaften und Offiziere nicht verstanden, nahm der Truppe viel von dem Schwung, der sie in zwei Wochen aus den Ausgangsräumen zwischen Vianden und Echternach (über 600 Kilometer) bis an die Kanalküste getragen hatte. Der Feldherr Hitler verspielte den vollen Sieg, als dieser mit Händen zu greifen war.

Anläßlich seiner Ernennung zum Unterstaatssekretär im Juni 1940 wurde Charles de Gaulle (Bild oben im Gespräch mit Albert Lebrun, dem Präsidenten der Republik) von der englischen „Times" wie folgt charakterisiert: „Er ist kein sehr anziehender Typ ... ein ziemlich strammer Rechter und hochtheoretisch ... aber er ist auch klardenkend, weitsichtig und ebenso ein Mann der Aktion wie ein Mann von Träumen und abstrakten Ideen." Das bewies de Gaulle nach der Schlacht von Dünkirchen, als er von England aus den Widerstandswillen der Franzosen wachhielt.

Bild linke Seite: zurückgelassene Panzerwracks des britischen Expeditionskorps am Strand von Dünkirchen.

Halt vor Dünkirchen

Tagebuchaufzeichnungen des Heeres-Generalstabschefs Halder, 24./25.5.1940

24.5.: Die Lage entwickelt sich weiter durchaus zufriedenstellend, wenn auch das Herankommen von Infanterie-Verbänden in Richtung Arras seine Zeit dauert. Da südlich der Somme zur Zeit keine Gefahr droht, halte ich das nicht für bedrohlich. Die Widerstandskraft des Feindes ist nicht mehr sehr hoch einzuschätzen, abgesehen von örtlichen Kämpfen. Die Dinge werden also ihren Weg gehen; wir müssen nur Geduld ha-ben, sie reifen zu lassen. Gr. Kleist meldet zum ersten Male feindliche Luftüberlegenheit...

20.00 Uhr ObdH kommt vom OKW. Anscheinend wieder recht unerfreuliche Aussprache mit Führer.

20.20 Uhr Befehl, welcher den gestrigen Befehl aufhebt und Einkreisung im Raum Dünkirchen- Estaires-Lille-Roubaix-Ostende anordnet. Der schnelle linke Flügel, der keinen Feind vor sich hat, wird dabei auf ausdrücklichen Wunsch des Führers angehalten! In dem genannten Raum soll die Luftwaffe das Schicksal der eingekesselten Armee vollenden!!

25.5.: Der Tag beginnt wieder mit unerfreulichen Auseinandersetzungen zwischen von Br(auchitsch) und dem Führer über die Weiterführung der Einkreisungsschlacht. Ich hatte die Schlacht so angelegt, daß die frontal gegenüber einem sich planmäßig absetzenden Feind zu schwerem Angriff tretende HGr. B den Feind lediglich binden, die Hgr. A, die einen geschlagenen Feind trifft und auf den Rücken des Feindes losgeht, die Entscheidung bringen sollte. Das Mittel dazu waren die schnellen Truppen. Nun bildet sich die politische Führung ein, die letzte Entscheidungsschlacht nicht in das Gebiet der Vlamen legen zu wollen, sondern nach Nordfrankreich.

Es tritt also eine völlige Verkehrung ein. Ich wollte (Hgr.) A zum Hammer, (Hgr.) B zum Amboß machen. Nun macht man B zum Hammer, A zum Amboß. Da B eine festgefügte Front sich gegenüber hat, wird das nur sehr viel Blut kosten und sehr lange dauern. Denn die Luftwaffe, auf die man hoffte, ist vom Wetter abhängig.

Panzerkampf in der Wüste

Premierminister Winston Churchill saß im fernen London, aber mit dem sicheren Instinkt des alten Schlachtrosses witterte er, was in der ersten Hälfte des Jahres 1941 in der libyschen Wüste schiefging. Am 20. April diktierte er eine Weisung an den Kriegsminister: »Wir haben jetzt in Libyen einige deutsche Panzer in unseren Besitz gebracht. Selbst wenn sie beschädigt sein sollten, müssen alle Schritte getan werden, damit sie von einem tüchtigen britischen Panzerkonstrukteur ... untersucht werden können.«

Diese Panzer standen in Tobruk, dem ersten Platz, an dem Großbritanniens Wüstenarmee den plötzlich aus Tripolitanien in die Cyrenaika eingebrochenen deutsch-italienischen Truppen Rommels Widerstand entgegenzusetzen vermochte. Bevor sich die stählernen Wellen an dieser von Italienern ausgebauten Festung, ihren Minengürteln und Artilleriestellungen brachen, hatten die spärlichen britischen Panzereinheiten sie zu kaum mehr Aufenthalt gezwungen, als zum Richten und Feuern nötig ist. In der Tat: Mit der mechanisierten Streitmacht Großbritanniens stimmte etwas nicht. Winston Churchill ließ in diesen dramatischen Apriltagen nicht locker.

Er berief eine ständige Konferenz aus Panzeroffizieren und Vertretern des Kriegs- und Rüstungsministeriums ein, die später »Panzer-Parlament« genannt wurde, er kümmerte sich um den ineffektiven Instandsetzungsdienst, um Geschoßgewichte und PS-Zahlen. Und allmählich kam die Wahrheit ans Licht. Sie war ebenso bitter wie alt.

Schon in den zwanziger Jahren hatte der englische Panzerfachmann J.C.F. Fuller wutentbrannt geschrieben: »Es gibt zwei große konservative Mächte unter dem Himmel: die katholische Kirche und das englische Heer.« Zwei Komponenten scheinen bis weit in die dreißiger Jahre hinein die Ausrüstung der mechanisierten Teile der britischen Armee bestimmt zu haben: Erfahrungen aus dem Ersten Weltkrieg und heimliche Sehnsucht nach den Zeiten der Kavallerie.

Die Erfahrungen von 1917/18 hatten das Dogma ergeben, daß Tanks nur als Begleitwaffe für die Infanterie zu gebrauchen seien. Kaum jemand bemerkte, daß zu diesem Leitsatz weniger die Schlachten-Erfahrungen als die technischen Unzulänglichkeiten der damali-

Mit ihren bestenfalls für einen Kolonialkrieg geeigneten Panzern waren die Engländer dem von Rommel virtuos geführten Deutschen Afrika-Korps anfangs unterlegen. Erst als sie schwere Panzer aufbieten konnten, gelang es ihnen mit großer materieller Übermacht und amerikanischer Unterstützung, den Kampf in Nordafrika für sich zu entscheiden. Über die Anfangserfolge der Deutschen schrieb Churchill am 26. März 1941 an General Wavell: „Der rapide Vormarsch der Deutschen in Richtung El Agheila bereitet uns Sorge. Es entspricht ihrem Wesen, vorwärtszugehen, wenn sie auf keinen Widerstand stoßen. Ich nehme an, sie warten nur darauf, daß die Schildkröte ihren Kopf weit genug vorstreckt, um ihn abzuhauen.“ Bild linke Seite: Panzer des Deutschen Afrika-Korps hinterlassen ihrer Spuren im Wüstensand Nordafrikas. Bild rechts: Entladung eines Panzerwagens III in Tripolis.

gen Zeit beigetragen hatten: Viel mehr als flottes Marschtempo war aus den ungeschlachten Ungetümen von Cambrai nun einmal nicht herauszuholen.
An Kavallerie wiederum erinnerte eine Serie leichter und schneller, schwach gepanzerter und zumeist nur mit Maschinengewehren bewaffneter Ketten-Kampffahrzeuge, die allerdings perfekt auf einen Bereich britischer Kriegsplanung zugeschnitten waren: den Kolonialkrieg im weiten Gelände ohne befestigte Straßen und Brücken, aber natürlich auch gegen einen Gegner ohne Panzer und panzerbrechende Waffen.
Unter dieser unzweckmäßigen Trennung zwischen »Infanterie«- und »Cruiser«-Panzern litt die Ausrüstung der mechanisierten Einheiten, und sie wurde auch unter dem Eindruck deutscher Panzer-Blitzsiege in Polen und Frankreich nur zögernd aufgegeben. Hatten die britischen Panzer noch gereicht gegen die Italiener – deren unzulänglich gepanzerte, bewaffnete und motorisierte Kampfwagen noch schlechter waren und nach Rommels Urteil gerade ausreichten, um »die Eingeborenen in Abessinien herumzujagen« –, so bedeutete das Eintreffen deutscher Panzer III und IV, obwohl diese zunächst noch mit den schwächeren 3,7-cm- und den kurzrohrigen 5- und 7-cm-Kanonen ausgerüstet waren, eine böse Überraschung.
Während die leichten »Bren-Carriers« (MG-Träger), 4,8 bis 5,2 Tonnen schwer und mit maximalen Panzer-Stärken von 14 mm, nicht einmal für den deutschen Vierrad-Spähwagen mit seiner 2-cm-Kanone einen ernsthaften Gegner darstellten, bestanden die wichtigsten Opponenten der deutschen Panzer III und IV bis zum Sommer 1942 aus folgenden Typen:
»Cruiser«-Panzer IIA bis IVA. Ziemlich hastig nach der späten Erkenntnis entwickelt, daß mechanisierte Großverbände zu selbständigen, entscheidenden Operationen fähig sind, litten diese Kampfwagen unter häufig auftretenden Pannen an Fahr- und Triebwerk. Immerhin wurde bei dieser Entwicklung die Motorisierung von 150 (IIA) auf 340 PS (IVA), die Panzerung von 37 mm (max) auf 51 mm (max) erhöht. Allen gemeinsam jedoch blieb die 4-cm-Kanone, die

Stärker als auf allen anderen Kriegsschauplätzen des Zweiten Weltkrieges erlaubte und forderte das Gelände in Nordafrika weiträumige Bewegungen ohne Rücksicht auf Flankendeckung. Rommel (Bild oben: in seinem Befehlspanzer) verstand es meisterhaft, die Gegebenheiten der Natur stets optimal zu nutzen. Bilder rechte Seite: deutsche Panzer in Bereitschaftsstellung (oben); Kommandant eines Panzerwagens IV beim Ausspähen des Horizonts (unten).

Im Spätherbst 1941 holten die Briten von Ägypten kommend zu einer Offensive auf Tobruk aus, die den Decknamen „Crusader“ („Kreuzfahrer“) trug. Am 18. November überschritten die britischen Truppen mit 724 Tanks die libysch-ägyptische Grenze, kamen aber nur im Abschnitt der 7. Panzerbrigade auf Sidi Reregh vor den Toren Tobruks planmäßig voran. Bild oben: ein englischer „Crusader“-Panzer nähert sich nach erfolgreichem Gefecht einem brennenden Panzerwagen IV. Bild links: Blick in das englische Hauptquartier bei Bardia während der britischen Gegenoffensive im November 1941.
Bilder rechte Seite: deutscher Minenleger bei seiner lebensgefährlichen Arbeit. Auf keinem Kriegsschauplatz spielte die Mine eine solch wichtige Rolle wie in Nordafrika (unten); deutsche Pioniere überbrücken einen Panzergraben vor Tobruk (oben).

zwar eine beachtliche Anfangsgeschwindigkeit (V°) von 853 m/sec entwickelte, als panzerbrechendes Projektil jedoch nur Vollgeschosse (ohne Sprengladung!) verfeuern konnte. Infanteriepanzer Mark II »Matilda«, ein so schwer gepanzerter (55-80 mm) Kampfwagen, daß die kurzrohrigen Panzer III und IV zum Abschuß unangenehm nah heranmußten. Aber unglückselige Tradition sorgte dafür, daß »Matilda« mit 2 x 87 PS bei 26 t Gewicht hoffnungslos untermotorisiert war. Als Bewaffnung hatte sie auch nur die 4-cm-Kanone (engl. Zweipfünder 0,91 kg).

M 3/5 »Stuart«, ein amerikanischer 13-t-Panzer, ab Sommer 1941 im Rahmen des Pacht- und Leih-Gesetzes an England geliefert. Die englischen Panzersoldaten nannten ihn bald »Honey« (Liebling), denn für die wenig verwöhnten Männer hatte er eine erfreuliche Eigenschaft: 59 km/h schnell durch einen 220-PS-Flugzeug-Sternmotor, 43 mm Panzerung, eine relativ langrohrige 3,7-cm-Kanone, die bei einer V° von 792 m/sec richtige Panzersprenggranaten verschoß.

Die »Honeys« kamen an der Seite der »Cruiser« und »Matildas« in Afrika zum erstenmal am 15. Juni 1941 ins Gefecht, als der britische Oberbefehlshaber Wavell mit dem Unternehmen »Battleaxe« (Streitaxt) das belagerte Tobruk entsetzen wollte. Es endete mit einem Debakel und Wavells Ablösung. Churchill war über das Scheitern des Unternehmens besonders wütend, weil er bei der Vorbereitung eine schwere Verantwortung übernommen hatte: Er zwang die zögernde Admiralität, einen Geleitzug mit fast 200 Matildas, Cruisers und Honeys auf dem kurzen, aber gefährlichen Weg durch das Mittelmeer nach Ägypten zu schicken, was selbst seiner Stier-Natur einige schlaflose Nächte bereitete. Bei »Battleaxe« gingen die meisten davon verloren.

Es bietet sich an, Wavells Unternehmen mit dem Angriff zu vergleichen, durch den Rommel ein knappes Jahr später die britische Verteidigungslinie zwischen Ghasala und Bir Hacheim zum Einsturz brachte und die Voraussetzungen für seinen Siegeslauf über Tobruk nach El Alamein schuf.

Glühende Sonne, Fliegenplage, Sandsturm, Durst

Briefe eines deutschen Soldaten aus dem Afrikafeldzug, 1941/42

10. August 1942
Jetzt endlich, nach der gewaltigen Beute von Tobruk und Matruh, sind wir, ist alles voll motorisiert. Sehr viel Infanterie ist bis Tobruk marschiert! Wer das nicht kennt, kann sich die Strapazen nicht vorstellen. Dreißig Kilometer am Tage in glühender Sonne marschieren, Sturmgepäck, Handwaffen und Munitionskisten oder MG (75 Pfund) oder Granatwerfer und ewig Durst.

29. August 1942
Wir kamen in die Alamein-Stellung und lagen dort einen langen Monat. Entsetzlich heiß waren die Tage Ende Juli. Der Höhepunkt wurde erreicht bei einem englischen Angriff, als wir im Trommelfeuer waren. Es sollen an diesem Tag in der Sonne + 78 Grad Celsius gemessen worden sein.

Nun sitze ich als Geschützführer etwa 80 Kilometer tief in der ägyptischen Wüste. Hier im Süden verlaufen die Tage ruhiger als im Norden, es gibt wenigstens kein Artilleriefeuer. Die andauernden Luftangriffe bei Tag und Nacht empfinden wir nun gar nicht mehr als Störung – ich im Augenblick ja schon, denn man ist nicht imstande, einen Brief zu schreiben, ohne zwei- oder dreimal wegen der Flieger an das Geschütz zu stürzen. Unvorstellbar und furchtbar ist die Fliegenplage in der Wüste, jetzt schon nicht mehr so, und meist salzig und rostbraun das sehr knappe Wasser. Wir haben kennengelernt, was Durst und auch was Sandsturm heißt. Es ist aber alles zu ertragen.

Ägypten, 7. September 1942
Um 8 Uhr abends, hier ist es um diese Zeit längst dunkel, stand genau über uns – es mochten an die 100 Fahrzeuge gewesen sein – der erste Leuchtschirm. Dann trommelten pausenlos bis morgens 4 Uhr die Bomben auf uns herunter. Am nächsten Tag mußten wir liegenbleiben, nochmals an die zwanzig Angriffe mitmachen und eine zweite solche Nacht erleben. Wir zogen uns dann zurück. Es sind nun die ersten Nächte, in denen wir wieder ruhig schlafen können

In beiden Fällen waren die frontal schwer einnehmbaren Stellungen – bei »Battleaxe« die schroffen, zerklüfteten Küstenberge zwischen Halfaja und Sollum, in der Ghasala-Linie schwer verminte und Artillerie-gespickte Stützpunkte – im Süden durch die Wüste zu umgehen. In beiden Fällen hielten auch die Verteidiger ihre mechanisierten und motorisierten Einheiten etwas zurückgestaffelt zum Eingreifen bereit.
Wavell teilte seine Panzerkräfte; zwar war es die stärkere Streitmacht, die nach Süden ausholte und über Capuzzo in den Rücken der deutschen Stellung stieß, aber auch für den Frontalangriff auf die Bergstellungen wurden Panzereinheiten bereitgestellt. Rommel hingegen rasselte mit seiner gesamten beweglichen Streitmacht nachts um die südliche Flanke der Briten herum und ließ italienische Infanterie frontale Scheinangriffe laufen, während hinter ihnen Lastwagen mit aufmontierten Flugzeugmotoren herumrasten und Staubwolken produzierten, um die Bereitstellung von Panzern vorzutäuschen. Wavells Streitaxt wurde stumpf, die Verzettelung der Kräfte rächte sich: Acht-acht-Flak schoß die frontal angreifenden Matildas und die indische Infanterie zusammen, und die Umgehungs-Streitmacht stand zwei Tage lang in aufreibenden Kämpfen mit dem Gros des deutschen Afrika-Korps. Und dann löste Rommel seine Panzerkräfte vom Feind und überflügelte ihn nun seinerseits, tief durch die Wüste ausholend. Ehe Wavell eingreifen konnte, gab der Panzerführer General Messervy das Signal zum Rückzug, der nur durch englische Luftüberlegenheit halbwegs geordnet vor sich ging.
Als Rommel dagegen Ende Mai 1942 an der Ghasala-Linie in eine ähnliche Situation geriet – im Süden überflügelt, mit dem Rücken gegen Minengürtel und Stützpunkte gedrückt –, schlug er sich nach hinten nur ein 16-km-»Loch« in die feindliche Stellung, um seine Versorgung sicherzustellen – und griff an, mit allem, was er hatte. Erst bei Alamein wurde er gestoppt.
Der Vergleich zwischen den beiden Panzerschlachten zeigt – abgesehen von Waffenüberlegenheit – die Vorteile von Rommels taktischem Konzept:
Nur selten setzte er seine mechanisier-

Nach der Schlacht von El Alamein im Oktober 1942 und der Landung der Amerikaner in Marokko und Algerien im November 1942 war das Deutsche Afrika-Korps materiell wie strategisch entscheidend geschwächt und mußte Zug um Zug bis nach Tunesien zurückweichen (Bild linke Seite: Rast auf dem Rückzug im Schatten eines Panzers). Wie an allen Fronten mußte sich die deutsche 8,8-cm-Flak der Firma Krupp nun auch im Panzerabwehrkampf in Nordafrika bewähren (Bild rechts: deutsche Flakbesatzung in Erwartung eines englischen Tankangriffs; Bild oben: abgeschossener britischer Panzer amerikanischer Bauart an der Ghazala-Linie).

ten Verbände getrennt ein. Guderians Wahlspruch »Klotzen, nicht kleckern« war auch für ihn Maxime.
Im seekriegsähnlichen Wüsten-Panzerkampf ließ er sich nie zu der Flanken-Empfindlichkeit verführen, die den Engländern so sehr zu schaffen machte. Ebenso, wie es einem Verband von Kriegsschiffen gleichgültig sein kann, ob feindliche Einheiten zwischen ihm und dem Heimathafen stehen, so ließ er sich durch vorübergehendes Überflügeln nicht beirren. Zumindest in der Wüste, wo die Situationen schnell wechseln und schnelle Entscheidungen verlangen, scheint (bei allen unbestreitbaren Nachteilen) das »Führen von vorn« doch effektiver zu sein. Wavell, der auf dem Höhepunkt von »Battleaxe« mit dem Flugzeug zu seinen Kommandeuren eilte, war in mindestens gleicher persönlicher Gefahr wie Rommel in seinem Spähwagen und konnte doch im entscheidenden Augenblick den Rückzug nicht verhindern.
Was der Vergleich dieser beiden Panzerschlachten noch nicht deutlich macht, was aber die Achsenmächte im weiteren Verlauf des Afrika-Feldzuges und des gesamten Krieges noch sehr schmerzlich zu spüren bekommen sollten, ist die Tatsache, daß feindliche Luftüberlegenheit oder gar -herrschaft die beste Panzerarmee paralysiert. Von Alamein und Alam Halfa bis zum letzten Tag im tunesischen Brückenkopf wurde dies den Afrika-Kämpfern im wahrsten Sinne des Wortes eingehämmert.
Mit dem steigenden Einfluß Amerikas gab es jedoch schon vorher auch auf dem Boden bedeutsame Veränderungen. Zunächst schon beim Kampf um die Ghasala-Linie tauchte der US-Panzer »General Grant«, eine Weiterentwicklung des M 3, auf, der die in ihn gesetzten Hoffnungen keineswegs erfüllte. Zwar war der 29-t-Panzer mit zwei Kanonen ausgerüstet: der vom »Honey« bekannten langrohrigen 3,7- und einer 7,5-cm-KwK, die es schon auf eine V° von 564 m/sec brachte und dem Panzer III noch auf Entfernungen von mehr als 1500 Metern gefährlich werden konnte. Die schwere Kanone war aber in einem Erker rechts neben dem Fahrersitz angeordnet und konnte nur um einen Seitenwinkel von 35 Grad geschwenkt werden, so daß der Panzer mit den Ketten grob richten mußte und Flanken-Angriffen ziemlich hilflos ausgeliefert war. Denn es kam hinzu, daß der Kommandant an der im Drehturm angeordneten 3,7-cm-Kanone den Lade- und Richtschützen spielen mußte. Überdies lag das 7,5-cm-Rohr so tief, daß der »Grant« jede Deckung wie ein Scheunentor überragte. Inzwischen war aber auch auf deutscher Seite eine neue Panzergeneration über das Mittelmeer herangebracht worden: zunächst der Panzer III mit 5 cm Langrohr und einer V° von 835 m/sec, später der Panzer IV mit 7,5 cm Langrohr und 790 m/sec. Da kam nun wieder ein Tank nicht mit, der mit seiner geduckten Silhouette zum erstenmal bei El Alamein auftauchte und angesichts seiner Vorgänger im britischen Panzerkorps ein gewaltiger Sprung nach vorn war: der amerikanische M 4, britisch »General Sherman«. Seine 7,5-cm-KwK schleuderte das 6,79-kg-Geschoß allerdings nur mit 619 m/sec aus dem Rohr, was die Wirkung bei größeren Entfernungen beeinträchtigte. Ein bedeutsamer Unterschied gegenüber dem Panzer IV-Langrohr, dessen Granaten noch über 1500 m jeden Punkt der bis zu 90 mm dicken Sherman-Panzerung durchschlagen konnten.
Aber, wie gesagt, als diese Giganten miteinander zu kämpfen begannen, war der Krieg in Afrika mit der Landung der Amerikaner schon eintschieden. Da half auch der »Tiger« mit seiner furchterregenden »Acht-acht« nicht mehr, den Hitler in letzter Minute hinüberwerfen ließ. Das Ende ist bekannt. Es nahm fast genau die Ereignisse vorweg, die später den europäischen Kriegsschauplatz prägten.

Der Oberbefehlshaber der alliierten Streitkräfte in Nordafrika, der britische General Harold Alexander, schrieb am 12. Mai 1943 an seinen Premierminister Winston Churchill: „Das Ende steht nahe bevor. Von Arnim (Nachfolger Rommels) ist in unserer Hand; die Zahl der Gefangenen dürfte wahrscheinlich 150.000 überschreiten. Der geordnete Widerstand ist überall zusammengebrochen... Mein nächstes Telegramm mit der offiziellen Meldung über die Beendigung des Feldzuges wird, wie ich hoffe, in ein paar Stunden folgen.“ Einen Tag später mußte der deutsche Wehrmachtsbericht bestätigen: „Der Heldenkampf der deutschen und italienischen Afrika-Verbände hat heute sein Ende gefunden.“ Bild links: deutsche Panzerwracks an der Mareth-Linie. Bild rechte Seite: Kolonne der auf Tunis vorrückenden britischen 8. Armee nach einem Angriff deutscher Jagdbomber.

Vor Moskau

Immer tiefer ging es nach Rußland hinein, und überall war das Land weit, der Himmel hoch und die Heimat unerreichbar fern. Von der Heimat träumten die deutschen Soldaten, die an Sonnenblumenfeldern und armseligen Bauernkaten vorüber und durch freudlose, graue Städte zogen, auf zerfahrenen Wegen, an deren Rändern der Schrott des Krieges lag: zerschossene Fahrzeuge, Panzer und Geschütze. An den Kreuzungen ragten grob gezimmerte Wegweiser, benagelt mit Ausschilderungen, taktischen Zeichen und manchmal einer verwitterten Tafel, auf der in kyrillischen Schriftzeichen »Moskau« und eine Kilometerzahl standen.
Moskau war das Ziel. Jeder Soldat wünscht sich im Kriege ein Ziel, denn das symbolisiert für ihn den Sieg, der Sieg ist das glückliche Ende des Leidens, der Strapazen, der Todesangst. Das Ziel erreichen heißt, überlebt zu haben, ausruhen zu können, fröhliche Tage zu genießen und dann nach Hause zu dürfen. Das Siegesziel ist seit dem Altertum der Einmarsch in die Hauptstadt des Feindes. Die Soldaten der Wehrmacht hatten Warschau, Paris, aber auch Kopenhagen, Oslo, Brüssel, Den Haag, Belgrad und Athen besetzt. Nun ging es seit dem 19. Oktober 1941 nach Moskau, niemand sollte sie daran hindern, den Roten Platz, den Kreml zu erreichen. Die Rote Armee war vielfach geschlagen, der zähe Widerstand der Russen war noch allemal gebrochen worden.
Nicht nur die Masse der Soldaten, auch der Oberbefehlshaber des Heeres, Generalfeldmarschall von Brauchitsch, wollte nach Moskau, sein Generalstabschef ebenfalls, Generalfeldmarschall von Bock und Generaloberst Guderian sahen Moskau als entscheidendes Ziel an, denn das war der Verkehrsknotenpunkt der Sowjetunion – ihn zu besitzen hieß, die Bewegungen der Roten Armee zu lähmen, den Nachschub ins Stocken zu bringen und die industrielle Produktion des Riesenreiches zu hemmen. Moskau aber als politisches Zentrum auszuschalten bedeutete, die sowjetische Planbürokratie durcheinanderzubringen und der russischen Bevölkerung zu signalisieren, daß die Herrschaft des Kommunismus nun vorüber sei – die psychologische Wirkung könnte bis zum Auseinanderlaufen der Roten Armee reichen.
Adolf Hitler, der Politiker mit dem feinen Gespür für Massenpsychologie, erkannte seltsamerweise gerade diese Argumente nicht an. Er sah die Lage wirtschaftspolitisch und wollte Leningrad mit seiner Industrie besitzen, die Kornkammer der Ukraine und das Industriegebiet des Donez. Deshalb hatte das Heer die Schlacht um Kiew geführt, gegen den Willen der Generale, und gegen ihren Willen war die Belagerung Leningrads eröffnet worden.

Nun hatte Hitler seiner Heeresführung nachgegeben: Sie durfte nach Moskau marschieren. Stalin aber bot alles auf, auch alle Brutalität und Rücksichtslosigkeit, um seine Hauptstadt zu retten. Nordwestlich von Moskau, bei Mussino, nahe Klin, rasselten drei Panzer des Typs T-34 aus einem Waldstück. Es war kalt, und eine leichte Schneedecke lag über den weiten Feldern. Aus dem Wald heraus trabte plötzlich russische Kavallerie und formierte sich zu einer breiten Front. Die Säbel der Offiziere blitzten auf im Licht einer dünnen Morgensonne. Ein ganzes Reiterregiment galoppierte an zur Attacke. Es war am 17. November 1941, mitten im Zweiten Weltkrieg.
Die 3. Batterie des Artillerieregiments 107 der deutschen 106. Infanteriedivision schoß aus offenen Feuerstellungen. Fontänen aus Dreck und Feuer quollen zwischen den Reitern auf, die in eiserner Disziplin weiter stürmten. Nun

Am 22. Juni 1941 um 11 Uhr morgens schrieb der Tübinger Student Hermann Stracke an seine Eltern: „Ihr, meine Lieben! Was die Stunde geschlagen hat, wißt Ihr. In den frühen Morgenstunden des heutigen Tages begann der Kampf gegen Rußland, der Krieg des jungen Europa gegen den größten Teil Asiens. Wir stehen alarmbereit noch 20 Kilometer vor dem Bug, in der Ferne hört man das dumpfe Grollen der Front, Flugzeuge brausen über uns hinweg, wir liegen im sonnenbeschienenen Grase unter hohen Bäumen und warten, bis man uns rufen wird. Heute nacht verlas uns der Oberleutnant den Aufruf des Führers, und nun dürfen wir endlich dabeisein.“ Hermann Stracke fiel am 29. September 1941 in Rußland.
Bild rechte Seite: Noch von Zuversicht geprägt: deutscher Soldat zu Beginn des Rußlandfeldzuges.
Bild links: Begegnung im Panzergraben; russische Gefangene fluten zurück, deutsche Infanteristen marschieren nach vorn.

schoß die Artillerie Abpraller, die Granaten detonierten jetzt in acht Meter Höhe über den Reitern. Das Regiment wurde regelrecht zerrissen.
Da ritt das zweite Regiment aus dem Wald heran. Die Reiter – das schreckliche Bild der mißglückten Attacke ihrer Genossen vor Augen – begannen den Angriff mitten im dichten Artilleriefeuer. Sie jagten ihrem sicheren Tod entgegen. Nur dreißig Reitern gelang es, durch die Feuerwand zu preschen. Ein deutsches Maschinengewehr mähte auch sie nieder. An die zweitausend Reiter und Pferde der 44. mongolischen Kavalleriedivision hatten sich sinnlos geopfert.
Da traten die deutschen Infanteristen über das Leichenfeld hinweg zum Gegenangriff an. Sie eroberten den zuvor verlorengegangenen Ort Spas Bludi zurück und fanden dort verwundet in Gefangenschaft geratene Soldaten des Infanterieregiments 230 erschlagen vor. Mit äußerster Brutalität wurden Stalins Durchhaltebefehle bei den russischen Soldaten durchgedrückt. Aus dem Tagebuch eines bei Tula gefallenen sowjetischen Leutnants über den Befehl, deutsche Stellungen vor dem Dorf Teploje zu nehmen: »Aber wir konnten keinen Schritt tun, weil das Feuer der Deutschen zu stark war. Krywopalow meldete dem Regiment, daß wir ohne Feuerunterstützung nicht vorwärtskommen könnten. Die Antwort lautete: In zwanzig Minuten ist die Stellung gestürmt, oder die Offiziere kommen vors Standgericht. Sechsmal wurde der Befehl wiederholt. Sechsmal griffen wir an... Das Bataillon hat noch zwanzig Gewehre.«
Die Verteidiger Moskaus – in der sowjetischen Geschichtsschreibung Mann für Mann als unerschrockene Helden hingestellt – waren in Wahrheit doppelt demoralisiert: Sie sahen die unabwendbare Niederlage auf sich zukommen, und sie zitterten vor den ebenso grausamen wie sinnlosen Befehlen der eigenen Führung zum Halten um jeden Preis.
Nicht minder demoralisiert war offenkundig Josef Stalin selbst. Er vertraute dem Abgesandten des US-Präsidenten Roosevelt, Harry Hopkins, an: »Wenn Moskau fällt, dann muß die Rote Armee

Können und Mut des Sturmbootführers (Bild oben) bestimmten die Chancen der Soldaten im Boot, das andere Ufer zu erreichen (Bilder rechte Seite). Er allein stand aufrecht im Fahrzeug, während sich die anderen geduckt an die Bordwände preßten.

Obwohl eine wichtige Truppe, meldete die Kriegsgeschichte von den Pionieren keine spektakulären Einsätze. Das sprach der Wirklichkeit Hohn: Sie waren als erste im Feuer und bereiteten der Truppe den Weg ins Feindesland.

ganz Rußland westlich der Wolga aufgeben.« Harry Hopkins berichtete über Stalins verzweifelte Stimmung: »Er, Stalin, würde es begrüßen, wenn amerikanische Truppen an irgendeinem Teil der russischen Front erschienen, und zwar unter dem uneingeschränkten Kommando der amerikanischen Armee.«

Die Amerikaner kamen nicht, wohl aber die Deutschen. Das verstärkte Schützenregiment 6 und Teile des Panzerregiments unter Oberst Hasso von Manteuffel brachen an der Nahtstelle zwischen der russischen 30. und 16. Armee durch und nahmen im Handstreich die Brücke über den Moskwa-Wolga-Kanal bei Jachroma. Der Oberleutnant Ohrloff vernichtete mit seiner Panzerkompanie einen heranrollenden Eisenbahnpanzerzug. Der Stoßverband Manteuffel bildete einen Brückenkopf und besetzte das Elektrizitätswerk am Ostufer, das Moskau mit Strom versorgte. Zwischen dem Kanal und Moskau existierten keine Verteidigungsstellungen mehr.

Anfang November hatte der große Frost eingesetzt. Mitte des Monats herrschten bis 20 Grad Kälte. Am Nachmittag dieses 27. Novembers aber sank die Temperatur mit einemmal auf minus 40 Grad. Manteuffels Soldaten besaßen lediglich simple Kopfschützer, kurze Stoffmäntel und ihre Knobelbecher als Schutz gegen diese barbarische Kälte. Die 32 Eisennägel auf jeder Stiefelsohle wirkten als Kälteleiter. Erfrorene Füße waren nun häufiger als Verwundungen.

Gegen den Brückenkopf von Jachroma aber stürmten zwei Brigaden Sowjetsoldaten in Filzstiefeln und Schneemänteln an. Ihre Sturmgewehre steckten in Pelzfutteralen, die MG-Schlösser waren mit kältefestem Spezialöl geschmiert. Bei den Deutschen hingegen versagten Karabiner, Maschinenpistolen, Maschinengewehre, weil Öl und Waffenfett in der grimmigen Kälte erstarrten. Die Panzermotoren sprangen nicht mehr an, das Öl gefror in den Ölwannen. Hinzu kam die waffenmäßige Unterlegenheit: Die Russen unterstützten den Infanterieangriff mit ihren neuen T-34, während Manteuffels Panzer meist nur »Skoda 38 T« mit 3,7-cm-Kanonen waren, dazu einige Panzer mit 7,5-cm-Ka-

Gewaltigste Erschöpfung

Soldatenbriefe aus dem Ostfeldzug, 1941

30. Juni 1941
Einen gewaltigen und erschütternden Eindruck machte die Rückmarschstraße der von unserer Panzerwaffe und den Stukas zertrümmerten Armee. Immer genau am Straßenrand die riesigen Trichter der Stukabomben, deren Luftdruck die größten und schwersten Panzer in die Luft geschleudert und umgedreht hatte. Unsere Panzer hatten dieser von den Bombern überraschten Armee den Rest gegeben, und so marschierten wir 25 Kilometer entlang an Bildern ungeheurer Zerstörung. Außer vielleicht 200 zerschmetterten, ausgebrannten, umgestürzten Panzern schwerster wie leichtester Panzerung, Geschützen, Lastkraftwagen, Feldküchen, Motorrädern, Pak-Geschützen, ein Meer von Waffen, Helmen, Ausrüstungsgegenständen aller Art, Klavier und Radio, Frontfilmwagen, Sanitätsausrüstungen, Munitions- und Bücherkisten, Granaten, Decken, Mänteln, Tornistern. Dazwischen die sofort schwarz angelaufenen Leichen. Fürchterlich vor allem die Pferde, völlig zerfleischt, aufgedunsen, die Gedärme herausquellend, die Schnauze blutig weggerissen, strömen sie über vom Geruch der Verwesung – zwischen Schlächterei und Fäulnis in grauenhafter Mitte –, der sich lähmend auf unsere Kolonnen legt. Das Schlimmste war ein Schwein, daß mit Genuß schmatzend an einer solchen Pferdeleiche nagte, so daß wir die Gewißheit hatten, daß dieses Pferdefleisch auf einem Umwege auch Menschen, auch mir schmecken würde.

Zum Schlafen kamen wir weiter nur wenig. Als wir endlich einmal gutes Quartier in einer Scheune hatten, da mußte unsere Gruppe die Sicherung stellen, und wir lagen wieder die ganze Nacht in einer nassen Wiese. Auch der nächste Tag war sehr anstrengend, am Nachmittag einige Stunden Ruhe, dann abends Abmarsch. 44 Kilometer, dabei wurden wir um Mitternacht bei der Rast angeschossen und gingen deshalb mit freigemachtem Gerät – d.h. für mich ein 30pfündiger Munitionskasten – querfeldein 2 3/4 Stunden im Angriff vor, ohne doch den Gegner zu stellen. Nur seitlich auf der Straße flammten die Panzer und Brennstofftanks in roten Feuern vom Nachthimmel. Die Anstrengungen dieses Angriffs mit seinem raschen Vorgehen waren sehr groß, und als nun im Morgengrauen die zweite Hälfte der 44 Kilometer kam, war ich völlig ausgepumpt, erschöpft bis auf jede Reserve.

*

4. Juli 1941
Endlos sind die Stunden des Vormarsches, 25 oder 30 km entlang an zerschmetterten und ausgebrannten Panzern, Wagen an Wagen, vorüber an den Gerippen völlig zerschossener und verbrannter Dörfer. Schwarz und gespenstisch ragen einsam die Mauern, und im Gärtchen blühen noch ein paar Feuerlilien ganz unheimlich. Man riecht jenen eigentümlichen Geruch, der für mich wohl ewig an diesem Feldzug kleben wird, dies Gemisch von Brand, Schweiß und Pferdeleichen. Der Staub maskiert uns alle förmlich: die Blonden haben ein fast weißes, stumpf glänzendes Haar, die Schwarzen sehen aus wie friderizianische Soldaten, hell gepudert, bei anderen kräuselt sich das Haar wie bei Negern, und die martialischen Schnurrbärte, die sich viele – auch ich – jetzt stehen lassen, ergrauen. Der ganze Körper ist naß, über das Gesicht fließen breite Bäche – nicht nur Schweiß, manchmal auch Tränen, Tränen der hilflosen Wut, der Verzweiflung und des Schmerzes, die diese ungeheuren Anstrengungen uns auspressen. Niemand kann mir sagen, daß ein anderer, ein Nicht-Infanterist sich vorstellen kann, was wir hier durchmachen. Denkt Euch die gewaltigste Erschöpfung, die Ihr kennengelernt habt, den brennenden Schmerz offener, entzündeter Wunden an den Füßen – und Ihr habt meinen Zustand nicht am Ende, sondern vor Beginn eines 45-km-Marsches. Erst allmählich, nach Stunden, wird der Fuß unempfindlich für den Wundschmerz bei jedem Schritt auf diesen Straßen, die eher Steinschläge oder Sandstrand sind.

Bilder rechte Seite: Deutsche Soldaten kämpfen sich in einer sowjetischen Ortschaft von Haus zu Haus vorwärts (oben). Wichtigstes Verbindungsglied zwischen Front und Heimat war die Feldpost (links). Das Singen war ein geeignetes Mittel, das Zusammengehörigkeitsgefühl der Truppe und damit auch die Kampfmoral der Soldaten zu fördern (rechts).

nonen. Die Deutschen kämpften mit gefühllosen Händen, mit erfrorenen Füßen, ihre Gewehrschlösser wärmten sie in den Hosentaschen und schoben sie erst kurz vor dem Eröffnen des Feuers in die Läufe. Nach zwei Tagen mußte Manteuffel den Brückenkopf räumen.

Weiter südlich jedoch, bei Lobnja, ging die 2. Panzerdivision aus Nordwesten gegen Moskau vor. Die Kampfgruppe des Oberstleutnants Decker gelangte bis Oserezkoje. Deutsche Soldaten standen an der Haltestelle der Omnibuslinie nach Moskau. Bis zum Roten Platz waren es noch 38 Kilometer.

Major Reichmann kämpfte sich mit dem II. Bataillon Schützenregiment 304 noch weiter heran – bis Gorki. Dreißig Kilometer bis zum Kreml, zwanzig Kilometer bis zum Stadtrand. Ein Stoßtrupp des Panzerpionierbataillons 38 drang sogar bis zum Bahnhof Lobnja vor und sprengte ihn, um das Heranbringen von Reserven zu verhindern – siebzehn Kilometer vor dem Stadtrand, siebenundzwanzig Kilometer bis zum Kreml.

Am weitesten drangen Kradschützen des Panzerpionierbataillons 62 vor: bis in die acht Kilometer vom Stadtrand entfernte Vorstadt Chimki. Moskau war zur Frontstadt geworden. Direkt aus den Fabriken am östlichen Stadtrand rasselten die T-34 quer durch die Stadt sofort an die Front. Schnell aufgebotene Arbeitermilizen und Komsomolzen (Jungkommunisten) fuhren mit der Eisenbahn an die Schützenlöcher am Stadtrand. Aus Sibirien herangeführte Truppen wurden mit Taxis bis zur vordersten Linie gebracht.

Aber es gab auch eine andere Seite: Plünderer zogen durch die Straßen, Schieber machten ihre Geschäfte zu Schwarzmarktpreisen, Parteifunktionäre packten ihre Autos voll und flohen aus der Stadt.

Die Moskauer hörten den Geschützdonner. Vor den Bomben deutscher Flugzeuge jedoch brauchten sie keine Angst zu haben. Die Umgebung war gespickt mit Flakbatterien, die russische Luftwaffe hatte zudem frontnahe Einsatzflugplätze mit geheizten Flugzeughallen und besaß die Luftüberlegenheit. Die in vorangegangenen Kampfmona-

Der spätere Generalfeldmarschall Erich von Manstein erhob bereits 1935 die Forderung nach einer gepanzerten und beweglichen Sturmartillerie zur Unterstützung der Infanterie. Dabei stieß er später auf heftige Ablehnung bei Guderian, der die gesamte Panzerproduktion ausschließlich zur Aufstellung seiner Panzerverbände verwendet sehen wollte. Ende 1937 wurde dann schließlich eine Sturmgeschütz-Versuchsbatterie aufgestellt. Im Feldzug gegen Frankreich kamen zum erstenmal sechs Sturmgeschütze zum Einsatz. Im weiteren Krieg hat sich das Sturmgeschütz unter anderem auch als ausgezeichnete Panzerabwehr-Waffe bewährt. Gegen Kriegsende wurden mehr Sturmgeschütze als Kampfpanzer gebaut.

Bilder linke Seite: Sturmgeschütz auf dem Vormarsch in Rußland (oben); gefallene Deutsche in russischer Erde (unten).

Bild oben: „Stalins starker Arm“, der Panzer T-34 mit aufgesessener Infanterie.

Bild rechts: die „deutsche Antwort“ auf den T-34: ein Panzer VI, genannt „Tiger“.

ten ohnedies zerschlissene deutsche Luftwaffe lag auf primitiven Plätzen weitab von der Front und hatte Mühe, die eingefrorenen Motoren zum Anspringen zu bringen.
Schlimmer als das Fehlen der Luftunterstützung war das Ausbleiben des Nachschubs. Fast täglich froren an die dreißig Lokomotiven ein. Die Transportleistungen reichten nicht aus, um die Truppe genügend mit Munition, Ersatzteilen, Frostschutzmittel für Waffen und Motoren zu versorgen, es gelangten auch keine frischen Reservetruppen an die Front – jedoch zwei Güterzüge mit französischem Rotwein. Alle Flaschen waren vor Kälte zersprungen. Dafür aber rollten auf russischer Seite mongolische und sibirische Divisionen heran, die den Winterkampf gewohnt waren. Stalin konnte seine im Fernen Osten der japanischen Kwantung-Armee gegenüberstehenden Streitkräfte getrost abziehen: Dr. Sorge, deutscher Zeitungskorrespondent in Tokio und Agent des sowjetischen Geheimdienstes, hatte verläßlich gemeldet, Japan werde nicht die Sowjetunion, wohl aber die USA angreifen.
Die russischen Fernosttruppen waren letztlich die Retter Moskaus. Generaloberst Guderian notierte: »Nur wer die endlosen Weiten der russischen Schneeflächen in diesem Winter unseres Unheils gesehen hat, über die der eisige Wind strich und jede Unebenheit des Bodens verwehte, nur wer Stunden um Stunden durch Niemandsland gefahren ist, um dann auf dünne, nur zu dün-

Ein deutscher Lastkraftwagen versackt im Schlamm einer russischen Straße (Bild links). Der zähe Morast fraß auch die letzten Kraftreserven auf dem Marsch nach Moskau. Bild oben: Die Hitze des Sommers verwandelte dann die russischen Straßen wieder in staubige Sandpisten, die das Fortkommen ebenso erschwerten.

ne Sicherungen schlecht gekleideter, schlecht ernährter Männer zu treffen, wer im Gegensatz hierzu die vorzüglich für den Winter ausgerüsteten, gut genährten, frischen Sibirier gesehen hat, kann die nun folgenden ernsten Ereignisse richtig beurteilen.«

Zunächst kämpften sich die Kradschützen der SS-Division »Das Reich« bei Istra im Nahkampf durch eine Waldbunkerstellung der 78. sibirischen Schützendivision, deren Soldaten weder Gefangene machten noch sich ergaben. »Das Reich« nahm auch noch die Zitadelle von Istra, das Kernstück der letzten Moskauer Schutzstellung. Die Waffen-SS ging weiter auf Moskau vor, dreißig Kilometer waren es noch bis zum Kreml. Die Männer schliefen im Freien bei 32 Grad Kälte. Die Winterbekleidung bestand aus Tuchmänteln und wollenen Fausthandschuhen. Die Winterausstattung für die Heeresverbände lag in Warschau fest, es fehlte an Lokomotiven, sie nachzuführen.

Anfang Dezember standen die Divisio-

nen der deutschen Heeresgruppe Mitte in einem leichten Halbbogen westlich Moskau. Zäh hielten sie ihre dürftigen Stellungen, doch voran ging es nicht mehr. Die Zahl der Erfrierungen stieg ungeheuer an. In den Feldlazaretten amputierten die Ärzte erfrorene Füße, einen Fall nach dem anderen.
Den ersten Rückzugsbefehl erteilte Feldmarschall von Kluge am 3. Dezember Teilen der 4. Armee. Am 5. Dezember entschloß sich Generalleutnant Model, sein XXXXI. Panzerkorps zurückzunehmen.
Generaloberst Guderian wollte die Stadt Tula als Winterquartier für seine Truppen erobern. Er hatte den Ring um die Stadt bis auf eine Stelle geschlossen: An der Straße Tula-Moskau standen Panzer und Kradschützen der Vorausabteilung von Oberst Eberbachs Kampfgruppe ohne Treibstoff. Guderian fuhr zu seinem alten Bataillon der Goslarer Jäger, das er in den zwanziger Jahren geführt hatte. Er wollte von den Kompanieführern wissen, ob die Truppe noch einmal angreifen könne, um die Vorausabteilung zu erreichen. Die Offiziere glaubten, daß es kaum noch zu schaffen sei.
Da bat der Generaloberst mit Tränen in den Augen, noch einmal anzugreifen. »Einmal wollen wir den Feind schon noch aus seinen Stellungen stoßen«, sagte da ein junger Leutnant. Am Morgen griffen die Goslarer Jäger an, erreichten den vordersten russischen Graben und waren am Ende ihrer Kraft.
Die Kämpfe gingen fortan nicht mehr um Moskau, sondern um ein warmes Nachtquartier: In Bauernhütten konnte man bei 35 Grad minus überleben. Die Gegenangriffe der Russen nahmen an Heftigkeit zu, immer neue sibirische Divisionen trafen ein. In der Nacht vom 5. zum 6. Dezember erteilte auch Guderian den Rückzugsbefehl an seine 2. Panzerarmee. »Kein Entschluß des Krieges war mir bis dahin so schwergefallen, wie dieser«, schrieb er.
Der erste Rückzug der Wehrmacht. Ein Rückzug, der an jenen der napoleonischen Armee erinnerte. Telefonischer Befehl der 4. Panzerdivision an die unterstellten Verbände: »Alles, was nicht von der Stelle bewegt werden kann, ist zu vernichten, und zwar auf der Stelle!« »Kraft zu Ende!« meldete der Oberbefehlshaber der Heeresgruppe Mitte, Generalfeldmarschall von Bock, am Abend des 6. Dezember ins Führerhauptquartier. Feldmarschall von Brauchitsch, der Oberbefehlshaber des Heeres, erklärte seinem Generalstabschef, er habe sich entschlossen, den Abschied zu nehmen.
Am Morgen dieses 6. Dezembers 1941 hatte die russische Gegenoffensive begonnen, die in die deutsche Rückzugsbewegung hineinstieß. Rückzug aber hatte die Wehrmacht nie geübt und auch die Reichswehr nicht. In der Heeresdienstvorschrift »Truppenführung« waren sechs Seiten dem Kapitel Rückzug, aber dreihundert Seiten den übrigen Kampfarten gewidmet.
Nun aber griffen die Russen auf einer

Bild oben: dieser Schilderwald veranschaulicht die weitverzweigte Organisation, die der Rußlandfeldzug mit sich brachte. Bilder rechts und linke Seite: deutsche Soldaten im Vormarsch irgendwo im weiten Rußland. Ungezählt sind die vielen Kilometer, die die deutsche Infanterie im Zweiten Weltkrieg zurücklegen mußte. „Endlos sind die Stunden des Vormarsches, 25 oder 30 Kilometer entlang an zerschmetterten und ausgebrannten Panzern, vorüber an Gerippen völlig zerschossener und verbrannter Dörfer. Der ganze Körper ist naß, über das Gesicht fließen breite Bäche - nicht nur Schweiß, manchmal auch Tränen, Tränen der hilflosen Wut, der Verzweiflung und des Schmerzes, die diese ungeheuren Anstrengungen uns auspressen.“ So in einem Brief des Soldaten Harald Henry an seine Eltern vom 4. Juli 1941. Er fiel am 22. Dezember 1941 nordwestlich von Moskau.

Im Kessel

Brief eines russischen Soldaten, 19.9.1941

Jetzt ist tiefe Nacht. Ich sitze in einer großen Hütte. Um mich herum, auf Bänken, auf einer Pritsche, auf dem Fußboden schlafen meine Kameraden. Sie schlafen in voller Ausrüstung, in Mänteln, das Koppel umgeschnallt, Gewehr oder Maschinengewehr im Arm. Eine Nachtlampe brennt, ihre flackernde Flamme jagt Schatten über die weißen Mauern der Lehmhütte. Am Tisch mir gegenüber sitzt der Kommissar. So wie ich, schläft auch er schon die vierte Nacht nicht.

Wie ging es zu, daß wir in einen Kessel geraten sind? Darüber könnte man lange erzählen, aber ich habe keine Lust, denn bis jetzt ist noch nicht alles klar. Eines ist nicht zu bestreiten: Überall, wohin man sich auch wendet, sind deutsche Tanks, Maschinenpistolen oder Maschinengewehrnester. Schon den vierten Tag verteidigt sich unsere Einheit nach allen Seiten in diesem Feuerring.

Gegen Morgen verlassen wir das Dorf. Ernste, besorgte Gesichter der Kolchosbauern. Leise Worte der Frauen. Abgehackte Worte der Offiziere. Motorengeheul. Pferdewiehern. »Kopf hoch, Kameraden, wir kommen noch!« »Wir kommen bald«... »Kommt nur«... »Und wie schlägt man die Deutschen?«... »Nun, Brauner, laß dir mal die Riemen zurechtrücken. Etwas Heu auf den Sattel. Ein bißchen frisches Wasser in die Feldflasche. Dankeschön... Wir kommen bald. Wenn wir es nicht sind, dann andere, nicht schlechter als wir. Und die deutschen Parasiten werden umkommen wie die Fliegen. Lebt wohl, Kameraden!«... »Nein, nicht ›Lebt wohl‹ – Auf Widersehen.«

Staub auf dem Weg. Die Kette der Lastwagen und Fuhrwerke. Die verschiedenen Troßeinheiten streben dem Zentrum des Kessels zu. Die Kampfeinheiten formieren sich neu zum entscheidenden Durchbruch. Der Kessel ist ungeheuer eng zusammengedrängt. Nirgendwohin kann man sich mehr bewegen. In den nächsten Stunden ist der Entscheidungskampf zu erwarten. Ohne Zweifel werden die Truppen aus dem Kessel ausbrechen. Aber wie? Um welchen Preis? Das ist es, was die Führer der Einheiten ständig bewegt.

tausend Kilometer breiten Front an. Nördlich Moskau, um Klin, entbrannte die Abwehrschlacht: Frische sibirische Regimenter gegen halberfrorene deutsche Truppen, hinter denen keine Reserven standen, deren Panzer entweder keinen Treibstoff oder keine Munition oder vor Kälte geplatzte Motorenblöcke hatten. Am 7. Dezember erschienen russische Sturmtruppen vor dem Korpsgefechtsstand des Generals Schaal, der sich hinter einen Lkw legte und mit dem Karabiner schoß. Melder, Schreiber und Stabsoffiziere verteidigten den Gefechtsstand. Reste deutscher Regimenter eilten zu Hilfe, die Russen wichen zurück.

Bild oben: Stoßtruppführer im Rußlandfeldzug. Bild rechte Seite: Obwohl verwundet, bleibt dieser Kompanieführer bei seiner Truppe und läßt sich nicht abhalten, weiter lauthals seine Befehle zu erteilen.

Angriffe und Gegenangriffe wechselten bei Klin und gingen in erbitterte Nahkämpfe über. Am 14. Dezember räumten die Deutschen den Bogen von Klin. General Schaal schildert den Rückzug: »... die Disziplin beginnt sich zu lockern. Die oft führerlosen Trosse geben auf der Straße den Ton an, während die fechtende Truppe aller Waffen, einschließlich Flak, mit letzter Kraft vorn hält. Der gesamte Anhang der Truppe – soweit dieser nicht fest geführt wird – ergießt sich fluchtartig nach hinten. Eine Psychose, fast eine Panik, hat die Trosse ergriffen, die bisher nur stürmischen Vormarsch gewohnt sind. Ohne Verpflegung, frierend, kopflos geht es zurück. Verwundete darunter, die vorn nicht mehr abbefördert werden konnten... Die schwerste Stunde des Panzerkorps ist angebrochen.«
Bei Hauptmann Hingst, Chef der 8. Kompanie im Panzerregiment 3, erschien am 14. Dezember ein russischer Unterleutnant mit weißer Fahne. Er überbrachte die Kapitulationsaufforderung – die erste, die an der Ostfront ein Parlamentär übergab. Sie wurde abgelehnt, die Truppe konnte sich erfolgreich zurückkämpfen.
Auch Guderians Panzerarmee zog sich zurück, immer wieder in der Nacht von lautlos herangleitenden sibirischen Ski-Bataillonen überfallen. Aus den Frontsoldaten wurden genügsame, einfallsreiche Einzelkämpfer. Schlimmer als die Angriffe der Russen blieb noch immer die Kälte – die beide Seiten nicht verschonte. Am vierten Advent des Jah-

res 1941 stießen Soldaten des deutschen Schützenregiments 3 bei Osarowo auf eine Gruppe von Pferden und russischen Soldaten, die dicht aneinandergedrängt im Schnee standen – ein gefrorenes Denkmal des grausamen Winterkrieges: ein Verwundeter mit geschientem Bein im Sattel, die Augen weit geöffnet, zwischen Pferden eingeklemmt Soldaten, die sich an den Tierleibern wärmen wollten, die Pferde mit hochgereckten Köpfen – alle zu Stein gefroren.
Die Schlacht von Moskau war verloren, sie war zu spät begonnen worden. Daran trug Mussolini Schuld, der auch seinen Sieg haben wollte. Er hatte bereits im April 1939 Albanien besetzen lassen und griff im Oktober 1940 Griechenland an, wurde jedoch zurückgeschlagen. Britische Truppen landeten in Athen. Hitlers Siegesfahrplan geriet dadurch in Gefahr. Ein von Engländern besetztes Griechenland hätte eine Bedrohung Jugoslawiens bedeutet – möglicherweise eine britische Front an Deutschlands Südgrenze. Die rumänischen Erdölfelder hätten in Reichweite britischer Bomber gelegen – und der geplante Feldzug gegen Rußland wäre gefährdet gewesen.
Es blieb Hitler nichts anderes übrig, als in Griechenland mit deutschen Truppen einzugreifen. Das wiederum bedingte, die für den Mai vorgesehene Feldzugseröffnung gegen die Sowjetunion um fünf Wochen auf den 22. Juni zu verschieben. Es waren diese fünf Wochen, die vor Moskau fehlten. Fünf Wochen, die den Winter brachten.

Gott sei uns gnädig!

Brief eines deutschen Soldaten aus dem Rußlandfeldzug, Dezember 1941

Das soll mein Weihnachtsbrief an Euch sein, geschrieben aus der tiefsten Bitternis eines entsetzlich gewordenen Lebens. Die letzten Tage waren wieder so grauenhaft, die Nächte so marternd, daß sie waren wie in alter Zeit, als man erzählte, die Menschen seien in einer einzigen Nacht grau geworden. Hier auf den Schneefeldern wird unsere beste Kraft gemordet, nicht nur dieser Jahre, die wir hier verlieren, sondern auch der kommenden; kehren wir einmal zurück, so sind wir auch noch um die Zukunft betrogen, entkräftet, zermartert und stumpf.

Ich will kurz von den letzten Tagen berichten. An einem Tage endlosen Marschierens, zu dem wir schon um 3/4 5 Uhr aufstanden, griff uns wieder ein Flieger an, in mehrfachen Anflügen stürzte er auf uns nieder – ich stand am Gefechtswagen und feuerte auf ihn. Die beiden Pferde hinter uns brachen unter seinem MG-Feuer zusammen. Die Pferde vor mir gingen plötzlich durch, drehten um und rissen den schweren Wagen herum; die Zugtaue erfaßten mich, rissen mich um und ich fiel unter die Deichsel, wurde zwischen den blitzenden Hufen und den Vorderrädern des Wagens geschleift. Das Rad ergriff meinen Mantel; als es gerade ansetzte, mir über die Hüfte zu rollen, brachten die anderen den Wagen zum Stehen. Mir war, so grausig die Sache aussah, so zerfetzt und blutbespritzt mein Mantel war, nichts geschehen, nur eine kleine Fleischwunde hatte ich an der Hand. Zerfetzt der Mantel, zerfetzt schon früher meine Hose, zerrissen und furchtbar hartscheuernd die Stiefel, dazu bis zu 30 Grad Kälte.

Am Nachmittag marschierten wir wie die Verrückten weiter, bis sich am Abend alles auf ein einziges Dorf zusammendrängte. Die ganze Kompanie schlief in einem einzigen Haus, sitzend, übereinander, verkrümmt, es war unbeschreiblich. Der nächste Morgen des ersten Advent brachte einen Angriff, doch waren die feindlichen Panzer schon entfernt, so daß wir nur den weiteren Vormarsch zu sichern brauchten. Die Quartiere blieben am Nachmittag und bei der Vorverlegung am Abend schlecht und eng.

In der Nacht wurden wir alarmiert, russische Panzer waren beim Schwesterregiment durchgebrochen. Als wir heraustraten in dieser furchtbaren Nacht, glaubten wir die ganze Hölle losgebrochen, ein eisiger Sturm schüttelte Schneemassen auf, tobte. Nun ging es los, hinaus in diese Nacht, unser Zug mußte nach kurzem Marsch auf Spähtrupp vor, stieß dauernd auf russische Trupps, stapfte im übrigen im mehr als kniehohem Schnee herum, erfror halb. Am Vormittag ging es zurück in das alte Dorf, das nun, aufs höchste bedroht, wie ein Igel von Posten und Sicherungen starrte. Es war der kälteste Tag, wir, ohnehin vor Schnee durchnäßt, mußten alle drei bis vier Stunden Tag und Nacht heraus und sichern. Doch kamen die Russen in dieser Nacht nicht. Als es weiterging, flogen wieder drei Bomber unsere Marschkolonne an, aber schon waren deutsche Jäger zur Stelle, schon brannten die russischen Maschinen, qualmten, stürzten, ein Pilot sprang im Fallschirm ab.

Nun liegen wir noch weiter vorn, schon ganz dicht, und ein Stellungskrieg, wie ihn wohl noch kein deutscher Soldat so erlebt hat, steht uns bevor. Gott sei uns gnädig! Es gibt nichts mehr, das selbstverständlich ist. Es ist nicht mehr selbstverständlich, daß man ein Dach über dem Kopf, Essen, Post hat, daß man die Winternächte in geheizten Häusern verbringt – all dies ist besondere Gnade, Geschenk, Weihnachtsgeschenk meinetwegen.

Der früher als erwartet einsetzende russische Winter traf die nur unzulänglich ausgerüsteten Soldaten in seiner vollen Härte. Wer den ersten russischen Winter 1941/42 überlebte, bekam die „Ostmedaille", den „Gefrierfleischorden", wie diese Auszeichnung von Soldaten genannt wurde. Der russische „General Winter" ließ Menschen, Fahrzeuge und Waffen im wahrsten Sinne des Wortes erstarren und machte den Kampf in Rußland zu einer besonderen Qual. Bild linke Seite: gut ausgerüstete sowjetische Soldaten im Angriff. Bild rechts: Die Aufnahme von diesem niedergeschlagenen Landser symbolisert die deutsche Niederlage vor Moskau, mit der im Grunde schon der gesamte Ostfeldzug entschieden war.

Kampf um den Kaukasus

Durch braune und flache Steppen marschierten die Gebirgsjäger und durch fruchtbare Ebenen. An Sonnenblumenfeldern zogen sie vorbei. Tausende von Stiefeln schlurften über staubige Wege. Feldspaten schlugen bei jedem Schritt gegen Oberschenkel. Maschinengewehre drückten auf Schultern, Karabinerriemen würgten an braungebrannten Hälsen. Fahrzeuge überholten die Kolonnen und wirbelten lange Staubfahnen hoch. Rotbrauner Staub senkte sich auf die Kragen und mischte sich mit Schweißbächen zu einer schmierigen Paste. Durst hatten die Jäger, und die primitiven Ziehbrunnen waren so selten.

Nicht nur Gebirgsjäger durchlitten die tausend Beschwerlichkeiten und Plagen der langen Märsche – die ganze Heeresgruppe A war auf Beinen, Rädern und Ketten unterwegs.

Über 20 Divisionen zogen in die gleiche Richtung, dazu noch acht rumänische Divisionen. Drei italienische Alpini-Divisionen sollten folgen, und die Luftwaffe war mit drei Fliegerkorps, zwei Flak-Divisionen und einer Luftwaffenfelddivision am Feldzug beteiligt. Selbst die Marine, so hatte man erzählt, schwimme auf dem Schwarzen Meer zur Unterstützung herum, sogar mit einer U-Boot-Flottille.

So zieht ein großes Heer durch Tag und Nacht. Fernaufklärer spähen den Russen ins Hinterland und stellen die große Feindlage fest. Nahaufklärer beobachten die Russen im unmittelbaren Frontgebiet. Kradschützen, staubbemehlt, kurven gemeinsam mit Radspähfahrzeugen an die armseligen Dörfer heran, nehmen Brücken im Vorausangriff. Die marschierenden Regimenter fächern Spähtrupps nach vorn und in die Flanken aus. Leichte Flak schützt besonders gefährdete Punkte an den Marschstraßen. Panzer-Abteilungen mahlen mit ihren Ketten den Staub noch einmal durch, und die Sturmgeschütze auch noch einmal. Artillerie – motorisiert und bespannt – rollt hinterher. Dazwischen die Trosse, die Nachschubkolonnen, die Feldlazarette, auf Fahrzeugen verlastet. Von struppigen Gäulen gezogene Panjewagen. Ein großes Heer für ein großes Ziel, doch jetzt schon erkennen die Generale, daß dieses Heer nicht ausreicht, alles zu bewältigen, was ihm aufgetragen wurde.

Aber im Führerhauptquartier in Win-

Mit Weisung Nr. 45 befahl Adolf Hitler am 23. Juli 1942 parallel zum Vorstoß auf Stalingrad den Angriff über Rostow am Don und den westlichen Kaukasus zur Ostküste des Schwarzen Meeres und zu den Ölfeldern von Baku und Grosny durch die Heeresgruppe A. Den Höhepunkt dieser Teiloffensive erreichten deutsche Gebirgsjäger im wahrsten Sinne des Wortes mit der Ersteigung des Elbrus, des mit 5633 Metern höchsten Kaukasus-Gipfels, am 20. August 1942. Einen Tag später hißten Soldaten im eisigen Schneesturm die Reichskriegsflagge (Bild linke Seite). Hitler war von dieser alpinen Glanzleistung wenig erbaut. „Meine Armeen", schrie er, „sollten den Ehrgeiz haben, die Russen zu schlagen, und nicht, auf die höchsten Berge zu klettern!" Bild rechts: Wo Mulis nicht weiterkamen, trugen Gebirgsjäger die Bodenplatte und das Rohr des 8-cm-Granatwerfers selbst.

niza, in der südlichen Ukraine, zeichneten Stabsoffiziere zufrieden taktische Zeichen in die Lagekarten. Es ging voran. Am 9. Juli 1942 hatte die Offensive begonnen. Ihr Ziel: die den Sowjets verbliebene Wehrkraft endgültig zu vernichten und ihnen die kriegswirtschaftlichen Kraftquellen soweit als möglich zu entziehen. Adolf Hitler, Oberster Befehlshaber der Wehrmacht und Oberbefehlshaber des Heeres, hielt die Sowjets für nahezu geschlagen, die furchtbare Gewalt der Wirklichkeit erkannte er nicht. Er sah einen blauen Pfeil auf der Lagekarte, der durch die Stadt Rostow am Don nach Südwesten stach.

Die Jäger der Enzian-Division aber sahen den Don selbst – sie überquerten ihn auf Fähren, manche auch auf der soeben fertiggestellten Pontonbrücke –, und sie marschierten durch das teilweise brennende Rostow. Waffen-SS, Infanteristen und eine Kompanie des legendären »Lehrregiments z.b.V. Brandenburg« – die Kommandotruppe des militärischen Nachrichtendienstes »Amt Ausland/Abwehr« – hatten den Gebirgsjägern das Tor zum Kaukasus aufgestoßen.

Der Kaukasus! Das ist das Ziel der Gebirgsjäger. Mag Hitler von Wehrwirtschaft sprechen und das Erdölgebiet von Baku meinen, die Gebirgsjäger marschieren dem Kaukasus entgegen. Seinetwegen laufen sie 30 und 50 km am Tag. Der Kaukasus wird ihr Sieg sein, auf ihn warten sie, starren auf den Horizont, harren auf die erste feine blaue Linie, die einen Bergrücken darstellt.

Bei Rostow stößt die 1. Gebirgsdivision nach halbjähriger Abwesenheit wieder zum IL. Gebirgs-Armeekorps. Bereits am nächsten Tag, am 5. August 1942, befiehlt Generalmajor Hubert Lanz, der Divisionskommandeur, aus bergerfahrenen Soldaten eine Hochgebirgskompanie unter Führung von Hauptmann Groth aufzustellen. Sie soll die Hochpässe des Elbrus – des höchsten Berges im Kaukasus – nehmen und auf dem Gipfel die Flagge hissen. Doch lange noch hat diese Kompanie durch Sonnenglast und Staub zu trotten. Am 11. August sehen die Männer der Vorausabteilung von den Höhen südlich Tscherkessk zum ersten Mal, über eine Herde von mehr als tausend Schafen hinweg, behütet von Hirten mit dunklen Umhängen, weiten Krempenhüten und Vollbärten, in der Ferne ein blaues Bergmassiv – den Elbrus. Sie jubeln nicht, sie sind still.

Die Jäger der 4. Gebirgsdivision haben die Vorberge des Kaukasus erreicht. Statt braunem Steppengras leuchten grüne Weiden, und die Früchte auf den Feldern sind noch nicht reif.

Die Schwierigkeiten der Versorgung sowie das Ausbleiben genügender Unterstützung durch die Luftwaffe machte nach dem ersten kühnen Vorstoß die baldige Rücknahme der einzelnen Gefechtsgruppen auf die Kammlinie des Kaukasus notwendig. In harten Nachtgefechten versuchte die Rote Armee vor allem, die wichtigsten Pässe zurückzugewinnen. Bild linke Seite: Inmitten der Hochgebirgswelt mit ihren schneebedeckten Gipfeln ist dieses Geschütz in Stellung gegangen. Bild oben: deutsche Gebirgsartillerie auf dem Marsch über den Kluchorpaß. Bild rechts: Der Gegner wird ständig beobachtet.

Die Hochgebirgskompanie der 1. GD zieht vor nach Tscherkessk, sie wird durch gebirgserfahrene Soldaten der 4. Gebirgsdivision auf 110 Mann verstärkt – beide Divisionen wollen gemeinsam den 5633 Meter hohen Elbrus in Besitz nehmen.
Die 4. Gebirgsdivision hatte sich einige Tage zuvor Träumereien über alpinistische Abenteuer nicht leisten können. Die Russen rannten in wütenden Gegenangriffen gegen die Linien der Division an. Es entwickelten sich schwere und verlustreiche Gefechte. Viele Jäger starben, noch ehe sie den Kaukasus erblickten.
Am 1. August glaubten die Soldaten des Gebirgsjägerregiments 91 ihren Augen nicht zu trauen: Plötzlich ritten Kosakenschwadronen an, im Sonnenlicht blitzten die geschwungenen Säbel, an den Flügeln aber rasselten leichte Panzer. Die Reiter des XVII. Kubankosaken-Kavalleriekorps galoppierten auf die Gebirgsjäger zu. Eine Attacke im Stil vergangener Jahrhunderte. Fürchterlich gellte das »Urra!« der todgeweihten Kavalleristen.
Messingglitzernde Patronengurte rutschten in die MG 34 hinein. Die Jäger hatten die Karabiner im Anschlag. Visier 200, durchdrücken, Hülse auswerfen, neue Patrone einschieben, durchdrücken. Visier 100. Menschen stürzten von Pferden, Pferde knickten mit den Vorderbeinen ein, überschlugen sich, wälzten sich auf der Seite, zuckten hilflos mit den Hufen. Schmerzensschreie, anfeuerndes Brüllen der Offiziere, Befehle der deutschen Gruppenführer. Dazwischen die Feuerstöße der MG, das unregelmäßige Feuer der Gewehrschützen. Nur wenigen Reitern gelang es, ins Hinterland durchzubrechen. Sie rasten auf eine ahnungslose Kolonne des Gebirgsjägerregiments 13 zu. Die Tragtierführer schossen die Reste der Kosakenbrigade zusammen.
Nun aber war der Feindwiderstand erloschen – ein Rennen zum Kaukasus begann, und die Gebirgsnachrichtenabteilung 94 hatte große Mühe, die Verbindung zu allen über weite Entfernungen verstreuten Teilen der Division zu halten.
Im Hochsommer 1942 besaß die Wehrmacht sechs Gebirgsdivisionen. Doch

Spezialisten mit Alpen- und Kaukasuserfahrung, gehörten zum Ausbildungspersonal der Gebirgsschulen. Über Monate hinweg wurden die zum großen Teil aus Freiwilligen zusammengesetzten Gebirgsjägerbataillone in allen alpinen Techniken geschult. Bilder rechte Seite: ein Oberjäger der Hochgebirgstruppe (links) und Generalmajor Schlemmer, Kommandeur des Ausbildungsstabes für Hochgebirgstruppen (rechts); Bild oben: Manöver im hochalpinen Gelände.
Bild ganz oben: General Eglseer von der 4. Gebirgsjägerdivision gibt dem Oberbefehlshaber der 17. Armee, Generaloberst Ruoff, einen Lagebericht aus seinem Abschnitt der Kaukasusfront.

nur zwei waren auf den Kaukasus angesetzt worden. Diese beiden Divisionen aber hatten bei den Gefechten zwischen Don und Kuban bereits größere Verluste erlitten. Auch die Zahl der Tragtiere war durch Artillerie- und Fliegereinwirkung dezimiert worden. Die Gefechtsstaffeln waren zwar noch voll beweglich, doch beim Gebirgsjägerregiment 91 (4. GD) mußte ein Bataillon quasi stillgelegt werden, um mit seinen Tragtieren die Versorgung der anderen beiden Bataillone sicherzustellen.

Die Truppe behalf sich bald mit landeseigenen Pferden, stellte hilfswillige Kaukasier als Tragtierführer und Träger ein und fertigte Behelfssättel selbst an.

Zwei Gebirgsdivisionen gegen den Kaukasus! Das Gebirge aber ist 1100 km lang und 100 bis 200 km breit und weist Ähnlichkeiten mit den Alpen auf. Auf diesem Riesengebiet haben sich zahlreiche Völkerschaften erhalten: Georgier, Migrelier, Swanen, Abchasen, Tscherkessen, Arwanen, Dargua, Inguschen, Laken, Lesgier, Tschetschenen und Uden.

Gastfreundschaft ist ihnen allen zu eigen, auch den fremden Soldaten gegenüber. Die Männer der Hochgebirgskompanie der 1. GD erleben den ersten kaukasischen Willkommenstrunk, nachdem sie auf dem Wege nach dem 14 km entfernten Utschkulan zum ersten Mal nach halbtägigem Marsch rasten. Dorfbewohner bringen Semmeln und große Geschirre voll geronnener Stutenmilch. Sie schmeckt saurer als Essig und riecht nach Ziegen, Kuhmist, Schweiß und Gerberlohe. Die stärksten Jäger kapitulieren. Nach Utschkulan aber seien es 14 Kilometer, bedeuten die freundlichen Bauern. Da packen sich die Jäger wieder ihre Rucksäcke auf, die Steigeisen, Seile, Pickel, Primuskocher, Reepschnüre, Karabinerhaken, die Patronentaschen und die 98er Karabiner. Die Feldblusen tragen sie zusammengerollt auf den Rucksäcken, die Hemdsärmel sind aufgekrempelt. Sie marschieren, und die Lasten drücken. Sie marschieren, bis sie am Nachmittag am Eingang eines anderen Dorfes feierlich begrüßt werden. Ein russisches Maxim-MG steht da, geladen und gesichert, dahinter ein paar hundert sonntäglich gekleidete Menschen. Die vollbärtigen Kaukasier hinter dem MG salutieren militärisch und machen Meldung. Mit den Händen erklären sie die geplante Nutzung des Maxim-MG: gegen Stalin.

Die Jäger freuen sich, daß sie Utschkulan erreicht haben. O nein, gestikulieren die Bergbewohner, nur noch 14 Kilometer bis dahin. Gegen Abend sind sie dort, auch ehemalige Teilnehmer von Himalaja-Expeditionen sind zu Tode erschöpft. Sie erfahren, daß sie noch weiter müssen, ins 8 km entfernte Chursuk. Acht Kilometer jedenfalls nach der russischen Karte, die offenkundig nicht stimmt.

Major von Hirschfeld, Bataillonskommandeur in der 1. GD, schlägt sich zur gleichen Zeit mit einer russischen Nachhut herum, nimmt die Stadt Mikojan Schachar und stößt im Teberdatal vor, wo er von den Karatschaiern – noch ein kaukasischer Volksstamm – mit Begeisterung begrüßt wird. Noch einmal beginnt ein Gefecht gegen Einheiten der 30. sowjetischen Kavalleriedivision, und anderntags befinden sich Hirschfelds Jäger mitten im Gebirge. Der Kampf in den Bergen hebt an.

Die 4. GD rückt derweil von einem Paß zum nächsten in Richtung Suchum und hat nach schwierigen, harten Gefechten am 25. August drei wichtige Pässe über den Hauptkamm des Kaukasus in ihren Besitz gebracht. Die Division wird nun in zwei Kampfgruppen geteilt, die sich immer weiter voneinander entfernen und so die Stoßkraft der Division beträchtlich schwächen. Dennoch geht es rasch vorwärts: Am 28. August liegt die 12. Kompanie des Gebirgsjägerregiments 91 plötzlich im Feuer der Schiffsgeschütze eines russischen Kreuzers – Suchum und das Schwarze Meer sind nur noch 22 km entfernt.

In der Abenddämmerung des 14. August endlich erreichen an die dreißig Mann der Hochgebirgskompanie erschöpft das Städtchen Chursuk – ein kaukasisches Mittenwald. Ein Reitertrupp galoppiert ihnen entgegen, der Gewehre schwingt und unablässig in die Luft feuert. Die Deutschen werden in den Ort geleitet, dessen Gassen voll von Menschen sind. Ein vollbärtiger, einarmiger Mann lädt zu einer Besprechung im Schulhaus. Er ist der Chef, nennt sich »Bandit« und »Karatscheij«. Die Karatschaier, so gestikuliert er, haben gegen den Zaren gekämpft, gegen Lenin

und gegen Stalin. Er fragt, ob die Deutschen gestatten, daß die Karatschaier weiterhin ihre Waffen tragen dürfen. Hauptmann Schmid, einziger Offizier in der Runde, gestattet es. Später wird das offiziell bestätigt. Da jubeln die Banditen, ein Honigfaß wird angerollt, dazu Hammelfleisch, roh und gebraten. Die Gebirgsjäger fragen, ob sie Esel kriegen können, als Tragtiere. – Der Oberbandit läßt Esel zusammentreiben, und dann lärmt ein wildes Fest auf.
Am nächsten Morgen gurten sie die Esel, packen auf und steigen höher in die Berge. Sie klettern zwei Tage lang wie die Gemsen und erreichen endlich den Chotju-Tau-Paß in 3500 Meter Höhe. Auf 4100 Meter aber liegt ein metallisch grauer Block: das Elbrushaus – Hotel und Wetterstation –, besetzt von einer kleinen Truppe der Roten Armee. Aus dem Bergsteigererlebnis wird wieder ein kriegerisches Unternehmen. Oberleutnant Schneider übersteigt mit einem Spähtrupp das Haus und bezieht Stellungen oberhalb. Ein Angriff aber ist nicht möglich: Überall ist freies, deckungsloses Gelände. Da geht Hauptmann Groth, seiner Kompanie weit voraus, allein auf das Elbrushaus zu, wird von den Russen eingelassen, gefangengenommen und an die Wand gestellt. Aus dieser ungünstigen Position heraus verhandelt Groth mit den Russen, einem Offizier und siebzehn Mann. Verhandlungssprache: Landserrussisch. Deutsche Truppen im Anmarsch, Lage aussichtslos, gestikuliert der Hauptmann Groth, und wahrhaftig, er schafft es. Er bietet den Russen freien Abzug an, wer bleiben möchte, kann das tun. Daraufhin ziehen der russische Leutnant und dreizehn Mann ab, vier aber bleiben da, sagen »Kameradd« und helfen Rucksäcke tragen.
Die Kompanie bezieht das Elbrushaus, es ist mit Vorräten reich ausgestattet. Nur kalt ist es – die Heizung funktioniert nicht. Zweimal versuchen die Gebirgsjäger den Gipfelsturm – das Wetter treibt sie zurück. Am 20. August herrscht Schneesturm. Doch am 21. muß es sein – Funkbefehl von der 1. GD, weil es Anzeichen gibt, daß die Waffen-SS von anderer Seite auf den Gipfel will. Wieder Sturm und Schnee-

Bilder linke Seite: Soldaten der 1. und 4. Gebirgsjägerdivision sind ins obere Kuban-Tal vorgedrungen und sehen zum erstenmal das majestätische Elbrus-Massiv (oben). Unentbehrliche Vehikel für die Versorgung der vorausgeeilten Gebirgsjäger waren die Kettenkräder der Nachschubeinheiten (Mitte). Diese von einer russischen Nachhut zerstörte Brücke im oberen Kuban-Tal wurde so schnell wie möglich von deutschen Pionieren wieder passierbar gemacht (unten). Bilder rechte Seite: Raupenfahrzeuge dringen dort, wo es die Wegverhältnisse erlauben, bis zu den Almhütten vor (ganz oben). Wo kein Weg und Steg mehr ist, über Trampelpfade und steile Hänge, folgen Mulikarren der Vorausabteilung bis hinauf ins hochalpine Gelände (oben).

treiben, Rast in einer Biwakschachtel aus Sperrholz. Eisig kalt ist's. Ein Primuskocher brennt müde und hungert nach Sauerstoff. Eine Büchse Kondensmilch, knapp lauwarm, geht von Mund zu Mund. Keuchend ziehen sie weiter nach einer Stunde. Stapfen höher mit kleinen Schritten. Der Gipfelkoller packt die Kameraden, Schnee peitscht ihre Wangen, sie quälen sich den Hang empor, verstreut über eine weite Fläche, jeder will zuerst oben sein. Eine Felsplatte überklettern, einen Felsbauch noch, dann fällt der Berg zurück – sie sind am Gipfel. 11 Uhr vormittags, am 21. August 1942. Flaggenhissung, Hände an der Mütze. Dann schlagen sie Pflöcke ein, verspannen mit Seilen den Fahnenschaft, damit der pfeifende Sturm ihm nichts anhaben kann. Zeit zum Abstieg. Ohne Sicht, Mann hinter Mann, steigen sie durch eine Wand aus wehendem Schnee ab. Vier Mann brechen zusammen, rappeln sich auf. Beine brechen in den Harschschnee ein. Sie wanken und straucheln. Nach Stunden hören sie den Schrei eines Nebelhorns – dort liegt das Elbrushaus. Eine Stunde noch, und sie sind in Sicherheit.

Die Meldung über die Flaggenhissung ging über den Rundfunk und durch die ganze Welt. Adolf Hitler aber geriet in Wut. Albert Speer, damals Reichsminister für Rüstung und Munition, berichtete: »Oft habe ich Hitler wütend gesehen; selten aber brach es so aus ihm heraus wie bei dieser Nachricht. Stundenlang tobte er, als sei sein gesamter Feldzugsplan durch das Unternehmen ruiniert worden. Noch nach Tagen schimpfte er unablässig bei jedem über ›diese verrückten Bergsteiger‹, die ›vor ein Kriegsgericht gehörten‹. Mitten im Krieg liefen sie ihrem idiotischen Ehrgeiz nach, meinte er empört, besetzten einen idiotischen Gipfel, obwohl er doch befohlen habe, daß alles auf Suchum konzentriert werde. Hier sehe man deutlich, wie seine Befehle befolgt würden.«

Geringfügig können die Anlässe sein, die den Zorn eines Tyrannen auslösen, gewaltig aber die Auswirkungen. Seine Armeen, so schrie Hitler, sollten den Ehrgeiz haben, die Russen zu schlagen, nicht aber den Ehrgeiz, auf die höchsten Berge zu klettern. Die Klettertour

der 110 Mann der Hochgebirgskompanie hat den Feldzug gewiß nicht beeinflußt, doch Hitlers Zorn richtete sich nun gegen den Generalfeldmarschall List, den Oberbefehlshaber der Heeresgruppe A, der zudem noch Bayer war. General Jodl – ebenfalls Bayer und Gebirgsartillerist – nahm List in Schutz. Zum ersten Mal zielte Hitlers Zorn nun auch gegen Jodl, den Chef des Wehrmachtführungsstabes beim Oberkommando der Wehrmacht.

Einige Tage später löste Hitler den Generalfeldmarschall List von seinem Posten ab und versetzte ihn in die Führerreserve. Hitler hatte sich außerdem mit Keitel, Jodl und Halder überworfen und den Generalstabschef Halder seines Amtes enthoben. Speer: »Er gab ihnen weder die Hand zum Gruß, noch nahm er an der gemeinsamen Tafel teil. Von jetzt an ließ er sich bis zum Kriegsende das Essen in seinem Bunkerraum servieren... Das Verhältnis Hitlers zu seiner militärischen Umgebung war für immer zerbrochen.«

Die Gipfelbesteigung des Elbrus war freilich nur der äußere Anlaß, vielmehr war klar zu erkennen, daß sich die Kaukasus-Offensive festgelaufen hatte. Hitler trug zum Teil selbst die Schuld daran: Die Aufteilung der 4. Gebirgsdivision in zwei Kampfgruppen ging auf seinen Befehl zurück, sie bewirkte eine unheilvolle Kräftezersplitterung und beeinträchtigte die Wucht des Vorstoßes auf Suchum.

Überall versteifte sich der russische Widerstand. Die Rote Armee hatte insgesamt 3000 Flugzeuge – darunter auch bereits aus den USA gelieferte – zusammengezogen. Fliegerangriffe mehrten sich, das Artilleriefeuer nahm zu. Die Kampfgruppe Stettner der 4. GD hielt drei Tage lang dem Druck stand, dann wurde die Flankenbedrohung gefährlich, es fehlten Kräfte, indes die Verluste durch Fliegerangriffe und Granatwerferfeuer steil anstiegen. Die Division zog daher die Kampfgruppe Stettner auf den Hauptkamm zurück, stellte den Angriff ein und ging zur Verteidigung über. Auch die Kampfgruppe Buchner kehrte zur Division zurück, ein Bataillon sicherte im Malaja-Laba-Tal. Schlimmer noch als die taktische Lage erwies sich die Versorgung. Durch starke Regenfälle waren alle Wege verschlammt. Auf dem 80 Kilometer langen Versorgungsweg mußten täglich 30 Tonnen Nachschubgüter befördert werden – doch 30 Kilometer waren nur für Tragtiere und Träger gangbar. Die Muli versanken oft bis zum Bauch im Morast. 200 Ochsengespanne, 900 Träger und 2000 Tragtiere waren unterwegs, dazu noch drei Kettenkradkolonnen. Wege wurden ausgebessert, Unterkünfte gebaut. Generalmajor Eglseer, der Divisionskommandeur, erhielt eine neue Aufgabe, Generalmajor Kreß übernahm die 4. GD.

Die beherrschende Feuerstellung eines schweren Maschinengewehrs 34 am Grat (Bild oben). Im Gebirgskampf konnten wenige entschlossene Jäger, taktisch klug eingesetzt, starke Feindgruppen „festnageln“. Bild rechte Seite: Tragtierkolonne auf einem Gletscherpfad vor der Kulisse des Schelldytau-Massivs mit dem 4747 Meter hohen Doppelgipfel des Uschba.

Ganz ähnlich sah es bei der 1. Gebirgsdivision aus. Tagelang kämpfte sie um den Austritt aus dem Gebirge, doch die russische Führung setzte alles daran, den Weg nach Süden zu versperren. Eine Kampfgruppe von drei Kompanien sollte den Feind im Rücken packen. Drei Tage lang blieb sie verschollen, dann kehrte sie, erschöpft und abgerissen, zurück und schleppte ihre Verwundeten mit sich. Nichts ging mehr. Von Suchum strömten unablässig Verstärkungen in die russische Front. Ein Fähnrichsbataillon der Gebirgsschule der Roten Armee, die 63. Kavalleriedivision mit Bergausrüstung, zahlreiche Infanterieverbände – nach Fliegermeldungen war die Straße von Suchum nach Klitsch ständig mit russischen Marschkolonnen belegt.

Aber der Nachschub – vor allem an Munition – wird über die schwierigen Kaukasusstraßen immer problematischer. Die Reihen der 1. GD haben sich bedenklich gelichtet, doch Ersatz kommt nicht.

Noch immer aber greift das Hochgebirgsbataillon Bauer an, umfaßt den Feind in 300 Metern Höhe, während das I./98 (Bader) ihn in der Front fesselt. Am 5.9. zerschlägt das Bataillon Bauer im Sturzangriff aus der Kara-Kaja-Wand den über den Paß vorstoßenden Feind und rettet den eigenen schwer bedrohten Flügel. Die Hochgebirgskompanie Schmidt liegt am Glet-

Bild links: Stellung eines Gebirgsgeschützes am Asau-Felskopf in etwa 3500 m Höhe.

Bild oben: deutscher Soldat vor seinem Biwakzelt unterhalb des Elbrusgipfels.

scherrand in 4000 Meter Höhe und verteidigt aus steilen Felswänden heraus Paß und Grat des Dombai Ulgen.

Immer wieder neue Nachschubprobleme, die Mühsal des Kriegsalltages gebiert zahllose Tragödien, die kein Wehrmachtsbericht erwähnt. Trägerkolonnen schleppen Brote, Konservenbüchsen, Granaten und Patronen über die Suchumische Heerstraße, die der Zar einst bauen ließ, die jetzt aber verfallen und zusammengestürzt ist. Die Trägerkolonnen steigen Umwege, tief hinab, hoch hinauf, kraxeln über Geröll und Felsbrocken. Weit unten ein grüner See, in dem abgestürzte Tragtiere mit aufgetriebenen Bäuchen treiben. Die Tragtiere wittern den Tod, und täglich stürzen weitere Muli ab, obwohl der Steig so schmal nicht ist. Mit grellen Todesschreien fallen sie polternd nach unten, ihren toten Gefährten entgegen. Dort, wo die Heerstraße in ihrem Verlauf nicht mehr zu erkennen ist, klettern die Kolonnen einen steilen Nordhang hinab. Die Muli stemmen sich mit vorgestreckten Hufen gegen den Fels, manche geraten ins Rutschen. Der Tragtierführer hält, bis seine Sicherheit bedroht ist, läßt los, und das Tier stürzt schreiend ab.

Acht Mann sind nötig, um einen einzigen Mann auf langer Bahre zu tragen –

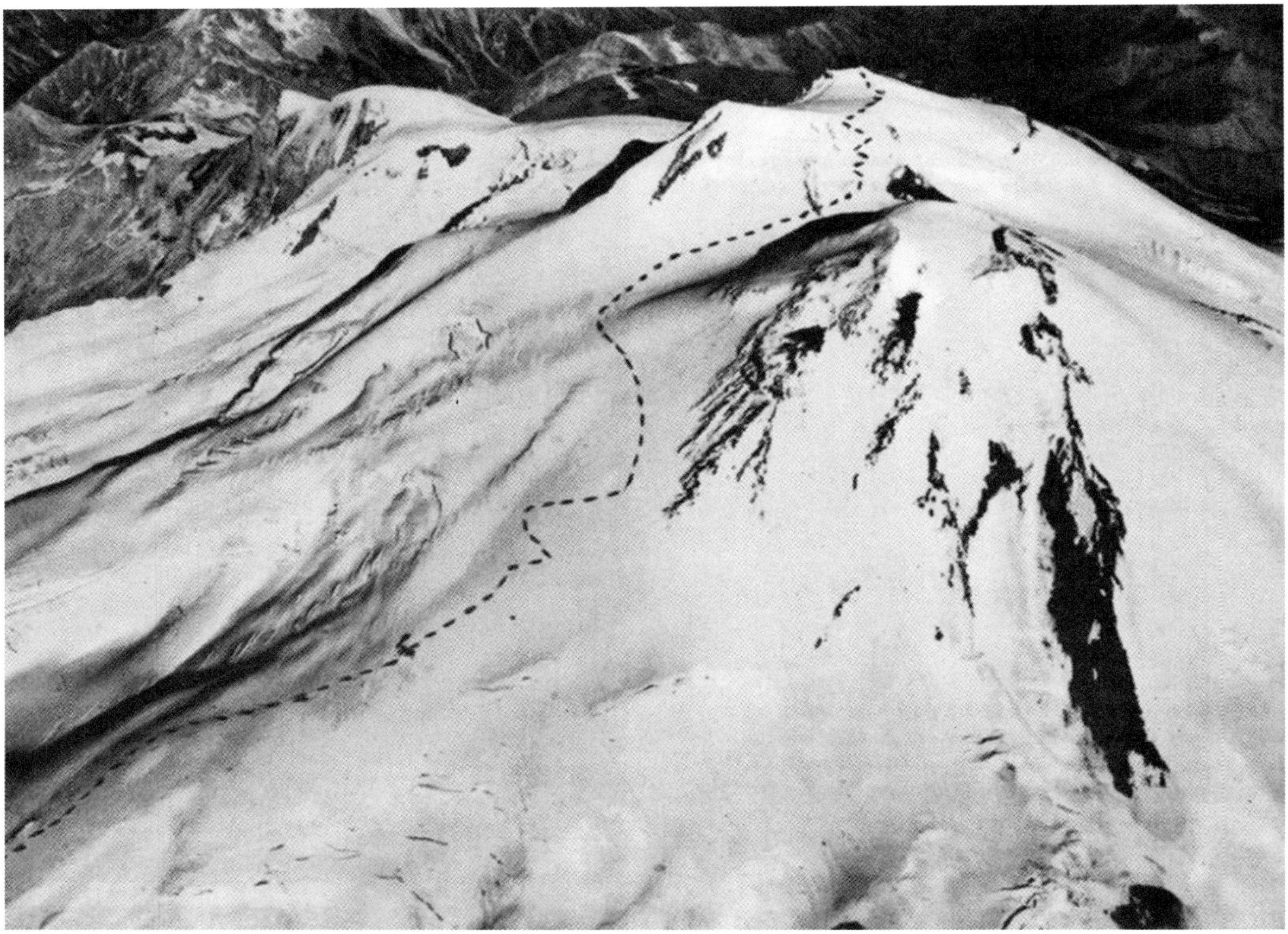

Zur Orientierung der Gebirgsjäger bei ihren alpinen Vorstößen hatte die Luftwaffe in langen Aufklärungsflügen gutes Bildmaterial geliefert. Bild oben: der doppelgipfelige Elbrus aus etwa 7000 Metern Höhe. Bild links: Lkw-Stau im Kaukasus. Über drei Wochen lang lag diese Fahrzeugschlange im Schlamm fest, bis der erste einsetzende Bodenfrost die Straßen wieder befahrbar machte. Bild rechte Seite: Berge um den 2816 Meter hohen Kluchorpaß, der am 17. August 1942 von der Kampfgruppe von Hirschfeld genommen wurde.

und viele Verwundete sind zu transportieren, jede Erschütterung bereitet Schmerzen, und der Erschütterungen sind viele.
Jedes Brot wird drei Tage lang getragen, jede Granate. Doch nicht alles kommt an. Russische Flugzeuge fliegen an: Feuer aus Bordwaffen, dann Splitterbomben. Feldgraue Soldaten liegen dann auf den Geröllhalden, manche schreien noch, andere regen sich nie mehr.
Anfang September steht die 1. Gebirgsdivision in einer 80 Kilometer breiten Hochgebirgsfront in Schnee und Eis. Immer stärker werden die feindlichen Kräfte. Den Gebirgsjägern aber fehlt es an Verstärkungen. Am 25. August hatte Hitler die drei der Offensive nachgeführten Alpini-Divisionen – die besten Großverbände des italienischen Heeres – verärgert abdrehen lassen. Sie marschieren nun in Richtung Stalingrad. Dort verspricht sich Hitler größere Chancen als bei der verpatzten Kaukasus-Operation. Zwei Panzerdivisionen aus der Heeresgruppe A verlegt er in den Westen.
Der Versuch, Transkaukasien – das Landgebiet südlich des Kaukasus: Aserbaidschan, Armenien und Georgien – über eine der drei »Heerstraßen« zu erreichen, ist gescheitert. Das Führerhauptquartier probiert es nun auf einem anderen Weg: Angriff durch den Waldkaukasus zwischen Maikop und Tuapse auf die Schwarzmeerstraße nach Suchum.
Das neue Kampfgelände ist ein fast wegeloses, kaum besiedeltes, 60 km tiefes Waldgebiet mit subtropischer Vegetation, Bergen bis 1000 m Höhe und zahlreichen Bachtälern.
Der Wald beginnt hinter Maikop. Eichen, dicht nebeneinander. 60 km Eichenwald und dann eine Rodung mit Bohrtürmen und Ölraffinerien. Deshalb hat das Führerhauptquartier den Feldzug zum Kaukasus befohlen: Erdöl ist eines der Ziele. Ohne Erdöl läßt der moderne Krieg sich nicht mehr führen. Panzer, Flugzeuge, Nachschubkolonnen brauchen Erdöl, sonst steht die Front still und wird wehrlos. Großdeutschland braucht Erdöl, hier ist es, und drüben in Baku – unerreichbar bereits – werden 90 Prozent des sowjetischen Erdöls gefördert. Wenn die deutsche Wehrmacht dieses Öl bekäme, könnte sie noch lange durchhalten; wenn die Rote Armee dieses Erdöl nicht mehr hat, muß sie zugrunde gehen. Wenn...
Die Ölleitungen im Waldkaukasus sind trocken, die Bohrtürme unbrauchbar gemacht, die Bohrköpfe mit Beton verschlossen. Nur das Trinkwasser schmeckt nach Erdöl, und der Staub riecht danach. Im Wald brennen Kohlenmeiler wie im deutschen Mittelalter, und daneben und dazwischen gehen die Gebirgsjäger zum Angriff auf Tuapse vor. Die Russen kommen mit Flugzeugen – haben die denn so viele? –, und Bomben zermahlen die Dörfer, Bomben roden den Wald. Es poltern die Bombenwürfe in der Ferne, und sie dröhnen unmittelbar in die Jäger hinein. Eichen stürzen um. Die Soldaten krallen sich in den bebenden Waldboden.
Der Angriff geht voran. Deutsche Stukabomben dreschen auf russische Waldbunker und zerbrechen Eichen wie Streichhölzer. Durch den endlosen Wald hallen die Rufe der Gruppen- und Zugführer, die Truppe verliert sich in den düsteren Waldkulissen und kämpft

auf eigene Faust. Nur mühselig vermag die Artillerie durch das Dickicht zu folgen. Der Bau einer Straße von Neftjanaja über den frisch eroberten Gunai-Berg wird begonnen, verschlammt jedoch unter Regenfällen nach kurzer Zeit. Aber vom 1036 m hohen Ssemaschcho-Berg blicken die Gebirgsjäger bereits bis in den Hafen von Tuapse und auf das Schwarze Meer. Das Ziel ist greifbar nahe.

Dort unten jedoch, wo die Palmen stehen, in Tuapse, werden die Granaten aus Frachtern entladen und sofort in die Geschützrohre geschoben. Russische Gebirgsinfanterie – jeder Mann mit einer Maschinenpistole ausgerüstet – greift die Bergstellungen von allen Seiten an. Zwei Schützenbrigaden dringen beiderseits des Ssemaschcho vor. Grat und Gipfel wechseln wiederholt den Besitzer. Schließlich bleibt der Berg den Gebirgsjägern. Der Preis: 823 Gefallene, 2412 Verwundete und 199 Vermißte.

Der Himmel hängt grau über dem Waldkaukasus, und in der ersten Novemberwoche setzt der Wettersturz ein, nun regnet es Tag und Nacht, die Bäche schwellen zu reißenden Flüssen an, der lehmige Boden wird zu zähem Brei. Die Uniformen bleiben naß. Der Nachschub kommt zum Erliegen.

Bei der 4. Gebirgsdivision liegen die Durchschnittsstärken der Kompanien zwischen 30 bis 50 Mann, die schwache Reserve ist aufgebraucht, der Abtransport der Verwundeten kaum noch zu bewältigen. Menschen, Tiere, Fahrzeuge versinken im Schlamm. In notdürftig ausgebauten Stellungen liegt die Kampftruppe in Kälte und Nässe. Soldaten sterben auf Posten an innerer Auskühlung. Ohne die Tragtierführer und ihre Muli gingen die beiden Gebirgsdivisionen jetzt unter.

Generalmajor Lanz fordert bei den vorgesetzten Kommandostellen über Wochen hinweg eine Zurücknahme der Front. Der Feind wird inzwischen immer stärker, verfügt über immer größere Reserven und eine immer bessere Bewaffnung. Die weit vorgeschoben stehende Pionierkompanie des Hauptmanns Fäustle wird um die Zeit von den Sowjets vernichtet.

Der Rückzugsbefehl läßt noch immer auf sich warten: Nach der Ablösung des Generalfeldmarschalls List führt Adolf Hitler zunächst die Heeresgruppe A vom Führerhauptquartier aus selbst. Entsprechend wirklichkeitsfremd sind die Befehle.

Erst als die Katastrophe der 6. Armee in Stalingrad unabwendbar geworden ist und damit auch die Situation der Heeresgruppe A im Kaukasus krisenhaft wird, da, im letzten Augenblick, wird der Rückzug aus dem Kaukasus befohlen, Mitte Januar 1943 beginnt er. Ein Großteil der Winterbevorratung kann nicht mehr abtransportiert werden, wertvolles Gerät und Bekleidung müssen mangels Transportraums zurückgelassen werden. Unter größten Anstrengungen gelingt es der 1. GD, die Masse der Artillerie und des schweren Materials durch knietiefen Schlamm hindurch zu retten. Bei der 4. GD gehen lediglich zwei schwere Infanteriegeschütze und zwei leichte Feldhaubitzen verloren – sie versinken buchstäblich im Schlamm.

Verheerend waren die Mannschaftsverluste im Waldkaukasus, besonders hoch auch die der Tragtiere und Pferde. Allein bei der 1. GD sind in der Zeit vom 27. Oktober 1942 bis zum 14. Januar 1943 2979 Tiere an Erschöpfung, 991 durch feindliches Feuer und 251 durch Krankheiten umgekommen.

Die Leidenszeit von Mensch und Tier ist indes noch lange nicht beendet. Der Rückzug in den Kuban-Brückenkopf beginnt und verläuft tatsächlich auch planmäßig: Jede neue Stellung wird erkundet, durch Baubataillone ausgebaut und Vorauskommandos von Bataillonen und Kompanien übergeben, die sich rechtzeitig mit den Eigenheiten und Details vertraut machen können.

Die Truppe setzte sich grundsätzlich nur nachts vom Feinde ab, fast immer unbemerkt und unter dem Schutz von Nachhuten. Die Kampftruppen marschierten in meist beschwerlichen Nachtmärschen in die neuen Stellungen und hatten wenigstens eine kurze Ruhezeit, bis der Feind nachgerückt war. Die Stellungen wurden dann mehrere Tage, oft bis zu eine Woche lang, gehalten.

Den Kaukasus, der über den russischen Ölfeldern von Grosny und Baku thront, zu beherrschen, verhieß den Sieg über die Sowjetunion. Das unter schweren Opfern erkämpfte Ziel konnten die deutschen Gebirgsjäger jedoch nicht behaupten. Um den Sieg zu nutzen, fehlten die Divisionen, die zur Abriegelung sowjetischer Durchbrüche an andere Frontabschnitte abgezogen wurden. Bild linke Seite: Spähtruppführer auf dem Kamm des Hochkaukasus. Bild rechts: Nach Zerstörung aller Brücken führte der Rückzug der Heeresgruppe A durch die Furten reißender Gebirgsströme.

Bei der 1. Gebirgsdivision kommt es allerdings am 1. Februar zu einer Krise: Der Feind drängt in großer Stärke hart nach und versucht die nach Westen ausweichenden Divisionen der Heeresgruppe A durch Angriffe von Osten und Süden in das Asowsche Meer zu drücken. Die 1. GD erzwingt sich in heftigen Abwehrkämpfen ihren Weg, muß aber zum Durchbruch umgliedern. Mehr als tausend Fahrzeuge, die nicht unmittelbar zum Kampf gebraucht werden, werden zerstört. Die Radfahrabteilung und das Feldersatzbataillon werden ebenso aufgelöst wie das Trägerbataillon, die Veterinär- und Nachschubkompanie und auch das Hochgebirgsbataillon Bauer. Die dadurch frei werdenden Kräfte bringen die übrigen Verbände auf die nötige Kampfstärke.
Von der Gotenstellung geht es über die Hubertus- in die Dianastellung. Dann aber, am 22. Februar, hebt der grauenhafte Marsch über die »Reisstraße« an – hin zur Poseidonstellung. Es herrscht Schneetreiben, und die Division zieht durch die unter Wasser stehenden Reisfelder, in deren unauslotbar tiefem Schlamm Hunderte von Fahrzeugen mitsamt den Pferden ebenso versinken wie Kanonen. Kaum ist die Straße des Schreckens überwunden, beginnen die Kämpfe am Rande der Lagunen des Asowschen Meeres: Von Norden her versuchen die Russen in den Rücken des Brückenkopfes zu gelangen, um so die ganze Front aus den Angeln zu heben.
Die Gefechte werden mit äußerster Erbitterung geführt, den Strapazen der Gebirgsjäger stehen die der Russen ebenbürtig gegenüber. Am 4. März wird ein russischer Funkspruch aufgefangen: »Stehen bis zum Hals im Wasser und frieren ein. Können nicht mehr weiter.« Am 22. März wird die 1. Gebirgsdivision – die inzwischen den Generalmajor von Stettner als neuen Kommandeur erhalten hat – überraschend aus der Front gezogen und auf den Balkan verlegt – niemand ahnt, welch schweren Tagen die Soldaten entgegengehen.
Übrig bleibt die 4. Gebirgsdivision, die gleichfalls auf der »Reisstraße« einen Großteil ihrer Fahrzeuge verloren hat,

Nach ihren zahlreichen Einsätzen war die schwerste Zeit für die Gebirgsjäger mit dem Rußlandfeldzug gekommen. Über 4000 Kilometer marschierten die Männer mit dem Edelweiß über Lemberg nach Winniza, über den Dnjepr nach Stalino und Rostow am Don, um von hier aus den Kaukasus bis zu Höhen über 5000 Meter zu erobern und weiter zum Kaspischen Meer vorzustoßen. Dicht vor dem Ziel wurde diese Truppe durch den sowjetischen Zangenangriff bei Stalingrad zur Umkehr gezwungen. Bild oben: ein letzter Blick auf den Kaukasus. Bild rechte Seite: Birkenkreuze bezeichnen Gräber im ewigen Eis.

andererseits aber von den Russen erhebliche Reisvorräte erbeutete. Wochenlang ernähren sich die Jäger von Reis, die Küchentrupps erfinden immer neue Zubereitungsarten, und auch die Muli fressen mit Behagen ungeschälten Reis.
Die Soldaten der Enzian-Division erhalten eine neue Aufgabe: In der Osereikabucht bei Noworossisk landeten starke Kräfte der sowjetischen Marineinfanterie und wurden von deutschen Truppen zerschlagen. Gleichzeitig führte der russische Major Kunikow ein als Täuschungsmanöver gedachtes Landungsunternehmen in der Zemess-Bucht durch – und das hatte überraschenderweise Erfolg. Kunikows Schwarzmeermatrosen drangen in den Stadtteil Stanitschka ein. Die Landung begann am 4. Februar, am 9. befanden sich bereits 17 000 Russen im Landekopf. Der zuständige Politoffizier war der Oberst Leonid Breschnew, der den »Kampfkollektiven« zündende Reden hielt und jeden Soldaten des Landekopfes ohne Kandidatenzeit sofort in die KPdSU aufnahm.
Die 4. Gebirgsdivision soll, zusammen mit zwei Infanterie-Divisionen und einer rumänischen Division, die Russen ins Meer zurückwerfen. Das unter dem Decknamen »Neptun« laufende Unternehmen muß wegen schlechten Wetters zweimal verschoben werden. Am 17. April greifen Stukas an – ihre Bomben fallen zu weit ins feindliche Hinterland. Dann treten die Stoßtrupps des Gebirgsjägerregiments 91 zum Sturm auf den Gipfel des im Landekopf stehenden 448 m hohen Myschako an. Diesmal fallen Stukabomben in die eigene Truppe, ein Flammenwerfer fängt Feuer, geworfene Handgranaten rollen wieder den Berg hinunter. Aus unsichtbaren Stellungen im verfilzten Unterholz schlägt verheerendes russisches Feuer. Der Angriff des Gebirgsjägerregiments 13 kommt nicht voran, der Feind sitzt gut getarnt im Dornengestrüpp. Gegen Mittag wird der Angriff eingestellt. Er hat 900 Mann Verluste gekostet.
Fortan begann ein Stellungskrieg, bei dem die Gräben von Freund und Feind oft nur 20 bis 30 Meter voneinander entfernt waren. Über Monate hinweg forderte der Grabenkrieg seine Opfer. Geführt wurde er nach Regeln des Ersten Weltkrieges. Am 11. August fiel Generalleutnant Kreß, der Divisionskommandeur, durch Kopfschuß in der vordersten Linie.
Generalmajor Braun, sein Nachfolger, führte die 4. Gebirgsdivision weiter, die am 10. September in Noworossisk eine russische Landung in verzweifelten Häuserkämpfen abwehrte. Anschließend räumte die Division in anhaltenden Gefechten vom 15. September bis 9. Oktober den Kuban-Brückenkopf – eine Meisterleistung von Führung und Truppe.
Das kaukasische Abenteuer ging zu Ende. Zurück blieben Kreuze auf den Gräbern der Gefallenen. Und es blieb die Erkenntnis, mit zu geringen Kräften zu hohe Ziele angestrebt zu haben und von der obersten Führung mißbraucht worden zu sein: Das Kaukasus-Unternehmen sollte den Russen Erdöl wegnehmen und es den Deutschen geben. Sein zweites Ziel war noch wichtiger: Am 25. August 1941 waren britische und sowjetische Divisionen in den Iran einmarschiert. 1942 flossen bereits annähernd 30 Prozent der gesamten amerikanischen Pacht- und Leihlieferungen an die Sowjetunion über Persien nach Rußland. Die Gebirgsjäger sollten – zusammen mit den übrigen Verbänden des Heeres, der Luftwaffe und der Kriegsmarine – diese Nachschubader abschneiden. Das gelang nicht. Die Stoßkraft der deutschen Wehrmacht war bereits gebrochen. Verzettelt eingesetzt und ohne ausreichende Unterstützung, konnten die Gebirgsjäger trotz ihres aufopfernden Einsatzes dieses Ziel nicht erreichen.

Die Waffen-SS

Zusammen mit Adolf Hitler gelangten am 30. Januar 1933 auch seine Leibwächter an die Macht, die Männer der »Schutz-Staffel«, der SS. Zuvor, in der »Kampfzeit«, hatten sie ihren Führer und die Spitzenfunktionäre der nationalsozialistischen Bewegung in Saal- und Straßenschlachten beschützt. Sie galten als eine handverlesene, unbedingt zuverlässige Privattruppe, deren Angehörige ihren Dienst unentgeltlich in ihrer Freizeit leisteten.

Gegenüber der »Sturm-Abteilung« (SA) – der gleichfalls nach Feierabend marschierenden Massenarmee Hitlers – stachen die SS-Leute schon rein äußerlich ab: Ihre Uniformen waren schwarz – im Gegensatz zum unschönen Braun der SA-Kluft. Wichtiger erschien noch ihr Ruf als eine bedingungslos gehorchende Elite von Draufgängern, die auch den übrigen Hitler-Anhängern geheimnisvoll und furchterregend erschien. Das SS-Führerkorps wirkte hochmütig und intellektueller als die oft grobschlächtig und rabaukenhaft auftretenden SA-Oberen. Die SS war die »feinere« Truppe, auch weil sie der Zahl nach kleiner war: Anfang 1933 zählte sie 50 000 Mann gegenüber drei Millionen SA-Leuten.

Am 22. Februar 1933 erhielten 15 000 SS-Männer und 25 000 SA-Angehörige weiße Armbinden mit der Aufschrift »Hilfspolizei« und damit den Anschein, zur legalen Polizei zu gehören. Sie sollten den Staat vor einem drohenden kommunistischen Aufstand retten, hieß es. Die Hilfspolizisten verhafteten Tausende von politischen Gegnern und hielten sie in provisorischen Konzentrationslagern fest. Die SS begann gleichzeitig, in ihren »Abschnitten« und »Oberabschnitten« mit Handwaffen ausgerüstete »Stabswachen« aufzubauen, die wenig später »Sonderkommandos« hießen und, wenn sie mehrere Kompanien stark waren, »Politische Bereitschaften«.

Anlaß zur Aufstellung des ersten dieser quasi-militärischen Verbände war die Furcht Adolf Hitlers und seiner oberen Führung vor einem möglichen Putsch. Zwar erhielt der Reichskanzler Adolf Hitler, wie jeder andere Kanzler der Weimarer Republik vor ihm, von der Reichswehr eine Kanzlei-Wache gestellt, doch war er sich nicht sicher, ob die Reichswehr bedingungslos hinter ihm stünde. Deshalb befahl Hitler am 17. März 1933 seinem obersten Leibwächter Joseph (»Sepp«) Dietrich, eine aus 120 Mann bestehende »SS-Stabswache Berlin« aufzustellen.

Diese Keimzelle der Waffen-SS vergrößerte sich rasch, hieß im September 1933 SS-Leibstandarte »Adolf Hitler« (LAH). Während vor dem Eingang zur Reichskanzlei noch Reichswehrposten standen, übte die LAH den Wachdienst im Inneren des Gebäudes aus. Darüber hinaus war die LAH auch eine Repräsentationstruppe und berühmt für ihren Parademarsch. Diemilitärische Ausbildung an Handfeuerwaffen und im Infanteriegefechtsdienst leiteten Offiziere und Unteroffiziere des Potsdamer Infanterieregiments 9.

Ihr erster Einsatz fand nicht auf dem Gefechtsfeld, sondern im Gefängnis München-Stadelheim statt.

Zwei Kompanien der Leibstandarte hatten am 30. Juni 1934 die obersten Führer der SA in Bad Wiessee festgenommen. Sie beendeten damit ein SA-Treffen, das als angebliche »Röhm-Revolte« in die Geschichte einging. Unter Leitung von Sepp Dietrich füsilierte dann ein SS-Kommando sechs SA-Führer in Stadelheim. Die in Berlin verbliebenen Teile der LAH exekutierten auf Befehl politische Gegner und SA-Führer im Hof ihrer Kaserne in Lichterfelde. Gerichtsurteile für diese Aktionen lagen nicht vor.

Der Einfluß der SA war nun ausgeschaltet – die Sturm-Abteilungen konnten weder ihrem Führer, Adolf Hitler, gefährlich werden noch der Reichswehr. Der selbstbewußte Ernst Röhm, Oberster SA-Führer, vermochte die

30. Januar 1937, Tag der „Machtergreifung“: SS-Formation der „Leibstandarte Adolf Hitler“ marschiert an ihrem „Führer“ vorbei (Bild linke Seite). Aus dem Streit zwischen Wehrmacht und SA als Sieger hervorgegangen, entwickelte sich die SS, dieser „nationalsozialistische soldatische Orden nordischer Männer“ (Himmler), mehr und mehr zum eigentlichen Machtträger des Dritten Reiches. Von der Furcht, die diese Männer auslösen konnten, zeugt der Ausdruck des Reichsführers-SS Heinrich Himmler: „Ich weiß, daß es manche Leute gibt, denen es schlecht wird, wenn sie diesen schwarzen Rock sehen: Wir haben Verständnis dafür.“

Bild rechts: Joseph „Sepp“ Dietrich, von 1933 bis 1943 Kommandeur der SS-„Leibstandarte Adolf Hitler“, war maßgeblich am Aufbau der Waffen-SS beteiligt.

Macht seiner drei Millionen SA-Leute nicht mehr auszuspielen – er wurde am 1. Juli in seiner Stadelheimer Zelle von zwei SS-Führern erschossen.
Heinrich Himmler, Reichsführer der SS, baute emsig seine Macht aus, wurde Chef der Deutschen Polizei, schuf das monströse Reichssicherheits-Hauptamt (RSHA), und neben Geheimer Staatspolizei (Gestapo) und Sicherheitsdienst (SD) verblaßte die Privattruppe der Freizeit-Diensttuer, der Allgemeinen SS, ein wenig. Allen SS-Angehörigen kündeten Himmler und seine Führer – wenn irgend möglich bei Fackelschein unter dem Sternenhimmel – einen besonderen, romantisch verbrämten SS-Kult mit den »unvergänglichen Werten«: Treue, Ehrlichkeit, Gehorsam, Härte, Anständigkeit, Armut und Tapferkeit – stets bezogen allerdings nur auf das »höhere Gesetz«, verkörpert durch den Führer und seinen Staat. »Härte gegen sich selbst« konnte danach sehr wohl auch das Versagen von Mitleid gegen Andersdenkende bedeuten, sofern diese gegen das höhere Gesetz verstießen.
Himmlers Ehrgeiz bestand darin, eine eigene bewaffnete Truppe zu besitzen – Nach dem Röhm-Putsch bewilligte sie ihm auch der Führer und Reichskanzler: Er genehmigte drei SS-Regimenter. Mit Rücksicht auf die argwöhnische Reichswehrführung verbot er aber die Aufstellung von Artillerie-Verbänden sowie den Zusammenschluß zu einer Division. Das Ganze wurde SS-Verfügungstruppe genannt (VT), deren Aufgabe die innere Sicherung des Reiches sein sollte. Die VT blieb eine Gliederung der SS und damit der Partei, über ihre militärische Verwendung im Kriegsfall sollte erst bei der Mobilmachung entschieden werden.
Das Formieren der SS-Verfügungstruppe war zunächst recht einfach: Die Kaderverbände existierten ja bereits. Aus den Politischen Bereitschaften München und Württemberg (Ellwangen/Jagst) entstand die SS-Standarte »Deutschland«, aus Bereitschaften in Hamburg, Arolsen und Wolterdingen die SS-Standarte »Germania«. In Berlin aber wachte und paradierte die Leibstandarte »Adolf Hitler«: drei Standarten, die bald die Bezeichnung

»SS-Regiment« führten. Nach dem »Anschluß« Österreichs wurde in Wien noch ein viertes Regiment der VT gebildet, die SS-Standarte »Der Führer«. Jedes Regiment erhielt je eine Infanteriegeschütz-, eine Panzerabwehr- und eine Kradschützen-Kompanie sowie einen Panzerspäh-Zug. Außerdem wurden ein Nachrichten- und ein Pioniersturmbann, eine Aufklärungs-, eine Panzerarabwehr- und eine Fliegerabwehr-Maschinengewehr-Abteilung aufgestellt. Der Führernachwuchs stammte aus den SS-Junkerschulen Tölz und Braunschweig.

An Mannschaften und selbst herangezogenen Unterführern hatte die SS-Verfügungstruppe zu jener Zeit keinen Mangel. Es fehlten ihr jedoch – vor allem in den Spitzenpositionen – die militärisch hinlänglich vorgebildeten Führer. Man behalf sich – und zumeist sehr erfolgreich – mit zwölfjährig gedienten Unteroffizieren der Reichswehr, die etwa in den Jahren 1930 bis 1932 ausgeschieden waren. Diese erfahrenen Soldaten verstanden in aller Regel, Kompanien zu führen. Zu Kriegsbeginn waren sie bereits als Bataillonskommandeure eingesetzt, zu

Bild oben: Waffen-SS präsentiert das Gewehr. Bild rechts: Lehrgruppen-Kommandeur der SS-Junkerschule Bad Tölz bei einem Lehrgang. Bild linke Seite: Reichsführer-SS Heinrich Himmler, Adolf Hitler und SS-Standartenführer Paul Hausser (von links) begutachten ein Manöver der SS. Himmler, der es im Laufe des 12 Jahre währenden „Tausendjährigen Reiches“ bis zum zweiten Mann nach Hitler brachte, wurde von der deutschen Philosophin Hannah Arendt einmal wie folgt charakterisiert: „Himmler, der sich rühmen kann, das organisatorische Genie des Massenmordes zu sein, war weder ein Bohemien wie Goebbels noch ein Sexualverbrecher wie Streicher, noch ein pervertierter Fanatiker wie Hitler, noch ein Abenteurer wie Göring. Er ist ein Spießer mit allen Gewohnheiten des guten Familienvaters...“

Beginn des Rußlandfeldzuges führten sie schon als Kommandeure Regimenter und einige von ihnen ab 1943 Divisionen. Ihre gediegene Reichswehrausbildung, verbunden mit der an Brennpunkten der Kämpfe gewonnenen Kriegserfahrung, befähigte manche in den letzten Kriegsjahren zur Führung von Armeekorps.

Seltener vertreten waren in der VT die früheren Berufsoffiziere. Paul Hausser war ihr prominentester Vertreter: Zögling des preußischen Kadettenkorps, Generalstabsoffizier im Ersten Weltkrieg und im Januar 1932 mit dem Rang eines Generalleutnants aus der Reichswehr verabschiedet.

Als Kommandeur der SS-Junkerschule Braunschweig lehrte er solides militärisches Handwerk und wurde am 1. Oktober 1936 als SS-Brigadeführer Inspekteur der Verfügungstruppe.

Militärischer Reformer der Verfügungstruppe aber war der ehemalige Reichswehr-Major Felix Steiner. Seine Ideen begann er zunächst im III. Bataillon der SS-Standarte »Deutschland«, Ellwangen, dessen Kommandeur er im Sommer 1935 wurde, zu verwirklichen. Steiner bildete seine Soldaten zu Sportathleten heran, die er zu modernen, selbständig handelnden und denkenden Einzelkämpfern formte. An die Stelle der Schützengruppe setzte er den Stoßtrupp, überflüssiger Drill fiel weg, wesentlich war die Gefechtsausbildung unter vollständiger Anpassung ans Gelände. Im Mai 1939 führte Steiner, inzwischen Kommandeur des SS-Regiments »Deutschland«, auf dem Truppenübungsplatz Munsterlager vor Hitler und Wehrmachtgeneralen eine Angriffsübung im scharfen Schuß vor. Nach 20 Minuten intensivster Beobachtung mit dem Fernglas fragte Hitler, wo denn der Angriff des Regiments bliebe. Ihm wurde gemeldet: »Er ist im vollen Gange!«

Jetzt erst bemerkte Hitler einzelne, blitzschnell vorhechtende Soldaten und die schon auf nächste Entfernung hinter den Hügeln sich vorarbeitenden Stoßtrupps. Wenige Wochen später befahl Hitler, unverzüglich ein eigenes Artillerie-Regiment der Verfügungstruppe aufzustellen.

Auch innerhalb der Wehrmacht fand

Im Polenfeldzug 1939 waren die Einheiten der SS-Verfügungstruppe aufgesplittert dem Heer unterstellt, das diesen „politischen" Soldaten skeptisch gegenüberstand. Im Westfeldzug 1940, wo die Waffen-SS in geschlossenen Verbänden kämpfte, bewies sie mit hohem Einsatz - unter teilweise unter schweren Verlusten - ihren militärischen Wert. Mit gewachsenem Selbstvertrauen kämpfte sie dann in Jugoslawien und Griechenland 1941.
Bild oben: nach dem Polenfeldzug 1939 inspiziert Adolf Hitler Soldaten seiner SS-Verfügungstruppe.
Bild rechte Seite: Angehörige der Waffen-SS bei der Siegesparade in Paris 1940. Bild links: Vorstoß einer SS-Einheit in Griechenland 1941.

Steiners Kampfausbildung Beachtung: Eine Truppe, die eine Angriffsentfernung von 3000 Metern innerhalb von 20 Minuten in kurzen, schnellen Sprüngen überwand und dann frisch genug war, um beim Einbruch in die Feindstellungen im Nahkampf zu fechten, forderte Bewunderung heraus. Steiner lehnte den unhandlichen Karabiner 98 k ab und setzte Maschinenpistolen, Handgranaten und Pioniersprengmittel an seine Stelle. Statt der im Sommer wie im Winter unpraktischen Tuchuniform trug die Verfügungstruppe erstmalig Kampfanzüge in Tarnfarben.

Steiner baute aber auch die krassen Dienstgradunterschiede zwischen Mannschaften, Unterführern und Führern ab und förderte dadurch die Kampfgemeinschaft, die Strapazen gemeinsam ertrug und rüde Schleifereien nicht kannte. Die Spindtüren in den Unterkünften hatten grundsätzlich unverschlossen zu bleiben – so wurde das Vertrauen zueinander gefördert. Kameradendiebstahl galt als eines der schlimmsten Verbrechen in der Verfügungstruppe. Offizieranwärter – nur

»Das ist unser Blut«

Heinrich Himmler vor den SS-Gruppenführern in Posen, 4.10.1943

Ein Grundsatz muß für den SS-Mann absolut gelten: Ehrlich, anständig, treu und kameradschaftlich haben wir zu Angehörigen unseres eigenen Blutes zu sein und zu sonst niemandem. Wie es den Russen geht, wie es den Tschechen geht, ist mir total gleichgültig. Das, was in den Völkern an gutem Blut unserer Art vorhanden ist, werden wir uns holen, indem wir ihnen, wenn notwendig, die Kinder rauben und sie bei uns großziehen. Ob die anderen Völker in Wohlstand leben oder ob sie verrecken vor Hunger, das interessiert mich nur soweit, als wir sie als Sklaven für unsere Kultur brauchen, anders interessiert mich das nicht. Ob bei dem Bau eines Panzergrabens 10 000 russische Weiber an Entkräftung umfallen oder nicht, interessiert mich nur insoweit, als der Panzergraben für Deutschland fertig wird. Wir Deutsche, die wir als einzige auf der Welt eine anständige Einstellung zum Tier haben, werden ja auch zu diesen Menschentieren eine anständige Einstellung einnehmen, aber es ist ein Verbrechen gegen unser eigenes Blut, uns um sie Sorge zu machen und ihnen Ideale zu bringen, damit unsere Söhne und Enkel es noch schwerer haben mit ihnen. Wenn mir einer kommt und sagt: »ich kann mit den Kindern oder den Frauen den Panzergraben nicht bauen. Das ist unmenschlich, denn dann sterben die daran«, – dann muß ich sagen: »Du bist ein Mörder an Deinem eigenen Blut, denn wenn der Panzergraben nicht gebaut wird, dann sterben deutsche Soldaten, und das sind Söhne deutscher Mütter. Das ist unser Blut.« Das ist das, was ich dieser SS einimpfen möchte und – wie ich glaube – eingeimpft habe, als eines der heiligsten Gesetze der Zukunft: Unsere Sorge, unsere Pflicht ist unser Volk und unser Blut; dafür haben wir zu sorgen und zu denken, zu arbeiten und zu kämpfen, und für nichts anderes. Alles andere kann uns gleichgültig sein. Ich wünsche, daß die SS mit dieser Einstellung dem Problem aller fremden, nicht germanischen Völker gegenübertritt, vor allem den Russen...

wegen des vorhandenen Bildungsgrades – wurden nicht angenommen. Erst nach zweijährigem Dienst in der Truppe wurden die SS-Junker ausgewählt.
Allerdings, die Verfügungstruppe hatte keine Tradition. Es fehlte immer am Offiziernachwuchs, der übrigens zu 90 Prozent der Landbevölkerung entstammte. Bürgersöhne und Großstädter waren in der VT und später in der Waffen-SS nur in geringem Maße vertreten, die meisten Soldaten waren Handwerker- oder Bauernsöhne.
Die Verfügungstruppe rekrutierte junge Leute mit einwandfreiem Leumund, geistiger Beweglichkeit, guter körperlicher Verfassung und einem zusagenden äußeren Erscheinungsbild – Idealtyp war nach dem NS-Rasse-Ideal der kraftstrotzende, blonde und blauäugige germanische Recke. Die politische Gesinnung wurde dagegen nicht überprüft. Die SS-Freiwilligen brauchten nicht der Partei anzugehören und mußten auch nicht unbedingt aus der Hitlerjugend kommen. Ohne Bedeutung war auch die politische Einstellung der Eltern. Söhne alter Sozialdemokraten waren durchaus in der VT zu finden. Auch die Konfession spielte bei der Einstellung zunächst keine Rolle, in manchen Verbänden aber späterhin sehr wohl. Himmlers Idealen entsprechend trat ein guter SS-Mann aus der Kirche aus und wurde »gottgläubig«. Mitunter wurden SS-Soldaten unter massiven moralischen Druck gesetzt, um ihren Kirchenaustritt zu erzwingen. Ende 1938 hatten 53,6 Prozent der VT-Soldaten die Kirche verlassen.
Trotz einheitlicher Ausrichtung zeigten sich schon vor dem Krieg innerhalb der Verfügungstruppe große Unterschiede in den Auffassungen über die künftige Aufgabe. Immer deutlicher entwickelte sich eine Abkehr vom offiziellen Auftrag einer für die innere Sicherheit zuständigen Sondertruppe. Der Einfluß der alten Berufsoffiziere, aber auch der von ihnen ausgebildeten jungen Männer wuchs. Ihre Forderung war das reine, klare und moderne Soldatentum. Sie wollten Soldaten sein und keiner Parteiarmee angehören.
Vor dem Kriege begann bereits, was sich an der Front zuspitzen sollte – die Ablehnung der verschwommenen Mystik ihres Reichsführers SS Heinrich Himmler. Die Verfügungstruppe wollte weniger Weltanschauung und mehr Soldatisches: Zusätzlich zu den SS-Dienstgradabzeichen am Kragenspiegel führte sie die der Wehrmacht ein. Den von Himmler immer wieder geforderten Formationsbezeichnungen wie Sturmbann oder Standarte zogen die SS-Sol-

Bild linke Seite: SS-Gruppenführer und Generalleutnant der Waffen-SS Paul Hausser erhält das Ritterkreuz aus der Hand des Generals der Panzertruppen von Vietinghoff-Scheel im August 1941. Als Kommandierender General des II. SS-Panzerkorps kämpfte Hausser weiterhin an der Ostfront, 1944 an der Invasionsfront und ab Januar 1945 als Oberbefehlshaber einer Heeresgruppe am Oberrhein, geriet in dieser Funktion jedoch in Konflikt mit Hitler, der ihn am 2. April absetzte. In der Nachkriegszeit bemühte sich Hausser als Vorsitzender der Hilfsgemeinschaft auf Gegenseitigkeit (HIAG), des Bundesverbands der Soldaten der ehemaligen Waffen-SS, weitgehend vergeblich um die Rehabilitierung der Elitetruppe, die er als „vierten Wehrmachtteil" zu klassifizieren suchte.

Bild oben: Soldat der Waffen-SS mit geschultertem Maschinengewehr.

daten die traditionell militärischen Begriffe wie Bataillon und Regiment vor. So scheiterte die Absicht des SS-Schulungsamtes, eigene weltanschauliche Instruktoren in die Verfügungstruppe einzubauen. Das junge Führerkorps war indessen zum großen Teil politisch radikal und bejahte den politischen Auftrag der VT.

Neben diese inneren Differenzen traten Gegensätze zur Wehrmacht, die mitunter voller Erstaunen, aber noch mehr mit Mißtrauen auf die Verfügungstruppe blickte und in der Person Himmlers die Verkörperung eines Machtanspruches sah, der zur tödlichen Bedrohung der Wehrmacht, vor allem des Heeres, werden konnte. Hitler hatte zwar mehrfach erklärt, daß die Wehrmacht der »alleinige Waffenträger der Nation« sei, doch nach dem Sturz des Reichskriegsministers von Blomberg, der infamen Intrige gegen den Generaloberstein Freiherrn von Fritsch, den Oberbefehlshaber des Heeres, und der Verabschiedung einer ganzen Reihe weiterer, der Partei mißliebig gewordener Generale im Februar 1938 war dem Heer das Rückgrat gebrochen und sein Einfluß beim Reichskanzler gesunken.

Prompt erließ Hitler am 17. August 1938 einen Befehl, wonach die bewaffneten Verbände der SS der Verantwortung der Partei entzogen wurden und als Sondertruppe unter dem Reichsführer SS für Friedens- und Kriegszeiten der ausschließlichen Verantwortung Hitlers unterstanden.

Zuvor waren schon Einheiten der Verfügungstruppe im März 1938 mit der deutschen Wehrmacht in Österreich einmarschiert. Erfolgreich war auch der erste größere Einsatz der Verfügungstruppe unter dem Oberbefehl des Heeres beim Einmarsch in das Sudetenland: Die Leibstandarte, »Germania« und »Deutschland« waren dabei.

Am 1. September 1939 fielen die ersten Soldaten der SS-Verfügungstruppe im Kampf gegen die polnische Armee. Die SS-Verluste lagen im Polenfeldzug relativ höher als die des Heeres. Rund 18 000 SS-Soldaten erhielten ihre Feuertaufe. Doch sie kämpften nicht als geschlossener Verband, sondern, regimentsweise aufgeteilt, in mehreren Heeresgroßverbänden. Eine Erhöhung

der Kopfstärke und die Bildung einer VT-Division wurde von den VT-Führern wie von ihrem Reichsführer SS gefordert. Das Oberkommando der Wehrmacht hatte über die Wehrbezirkskommandos Einfluß auf die Ersatzgestellung der Verfügungstruppe. Hitler war zunächst nicht sonderlich an einer Verstärkung seiner Garde interessiert — er hielt sie nach wie vor für eine Sonderpolizei der inneren Sicherheit.
Der SS-Brigadeführer Gottlob Berger, Chef des Ergänzungsamtes im SS-Hauptamt, war den VT-Führern suspekt, vor allem weil er von der SA kam, löste indessen das Ersatzproblem: Die dem Reichsführer SS unterstehenden »Totenkopfverbände«, deren für den Kriegsfall vorgesehene Verstärkung aus der Allgemeinen SS sowie ein Teil der Ordnungspolizei waren vom Dienst in der Wehrmacht ausgenommen. Berger riet nun, diese drei Personengruppen zur SS-Verfügungstruppe einzuberufen. Hitler stimmte zu.
Das sprunghafte Wachstum der bewaffneten SS-Verbände, die nach dem Frankreichfeldzug nun auch öffentlich »Waffen-SS« hießen, setzte Ende 1939 ein: Vornehmlich aus jungen Polizeibeamten entstand die SS-Polizei-Division. Die Regimenter »Deutschland«, »Germania« und »Der Führer« wurden zur SS-Verfügungs-Division zusammengeschlossen, die bald den Namen »Das Reich« erhielt. Die verstärkte Leibstandarte-SS »Adolf Hitler« blieb ein motorisiertes Infanterieregiment und wurde erst 1942 zur Division. Ende 1939 stellte aber auch der SS-Gruppenführer Theodor Eicke aus den Totenkopf-Standarten und Freiwilligen der Verfügungstruppe die Division »Totenkopf« auf. Für die gesamte Waffen-SS sollte sich diese Aufstellung verhängnisvoll auswirken: Die »Totenkopf«-Standarten waren für die Bewachung der Konzentrationslager zuständig – dementsprechend war ihr Ruf. Theodor Eicke war es, der 1934 in Stadelheim seinen SA-Kameraden Ernst Röhm erschossen hatte. Eicke, dem Soldatentum abhold, sorgte dafür, daß in seine Verbände keine Berufsoffiziere abgestellt wurden, und warnte vor »dem lächerlichen Versuch, eine militärische Organisation nachzubilden«.
Dieser Anti-Militär wurde nun Divisionskommandeur und entdeckte seine militärische Begabung. Selbst konservative Heeres-Generale konnten nicht umhin, seiner Division während der Kämpfe in Rußland hohes Lob zu spenden. Theodor Eicke fiel 1943 an der Ostfront.
Die Waffen-SS war nun mit dem Makel behaftet, KZ-Schergen in ihren Reihen zu haben. Die Konzentrations-Lager aber wurden durch Totenkopf-Sturm-

„Die wichtigste Schlüsselstellung vor Moskau ist durchbrochen", heißt es im Tagebuch eines Panzergrenadiers vom 15. Dezember 1941, zehn Tage nach Beginn der sowjetischen Gegenoffensive im Mittelabschnitt der Ostfront. Das Tagebuch fährt fort: „Heute schneit es unaufhörlich, man kann sich keine Vorstellung davon machen, was unsere Infanteristen bei Schnee und Kälte leisten müssen. Fernkampfbatterien legen schweres Feuer in unsere Reihen. Die Kessel von Brjansk und Wjasma gehen ihrer Vernichtung entgegen."
Bilder linke Seite und oben: Waffen-SS mit Pferdeschlitten und Panzerfahrzeugen im Einsatz an der Ostfront.
Bild rechts: SS-Brigadeführer von Scholz verleiht dem holländischen Freiwilligen Gerardus Mooymann nach der Vernichtung seines 13. Feindpanzers als erstem ausländischen Waffen-SS-Mann das Ritterkreuz.

banne bewacht, deren Personal nicht frontverwendungsfähig war, was zu Kommandierungen zwischen der an der Front stehenden Totenkopf-Division und den KZ-Lagern führte. Das gleiche Schicksal traf aber auch Soldaten der Wehrmacht.

Den Gegensatz dazu bildete die SS-Polizei-Division. Himmler in einer Rede am 19. Juni 1942: »Das sind keine Nationalsozialisten, keine SS-Männer, nicht ausgesuchte Leute... sie wurden eben eingezogen, genau wie etwa Männer zu einem Baubataillon eingezogen werden.«

Gute Soldaten waren sie alle. Die Waffen-SS kämpfte bravourös im Frankreichfeldzug und auf dem Balkan, dann wurden ihre Verbände nach dem Osten verlegt. Sie stürmten nach Rußland hinein. Doch schon zuvor, am 22. April 1941, hatte Heinrich Himmler für eine neue moralische Belastung der Waffen-SS gesorgt: Er vergrößerte ihren Rahmen noch weiter. 179 Einheiten und Dienststellen der SS, darunter auch die nunmehr die KZ-Lager bewachenden Totenkopf-Sturmbanne, wurden formell zu Angehörigen der Waffen-SS erklärt. KZ-Wächter gehörten zur gleichen Truppe, deren andere Teile in den Brennpunkten der Front standen. Sie alle trugen nun die gleichen Uniformen und waren voneinander nicht zu unterscheiden. Gleich schlimm: Ebenfalls im April 1941 schuf Himmler – wie Heinz Höhne in dem Buch »Der Orden unter dem Totenkopf« schrieb – »eine Art Waffen-SS innerhalb der Waffen-SS... die allein auf das Kommando des Reichsführers hörte«. Es waren dies zumeist Totenkopf-Standarten, umgegliedert zu Infanterie- und Kavallerie-Brigaden, die hinter der Front Partisanen, aber auch Juden jagten.

Inzwischen schlugen sich die Front-Divisionen der Waffen-SS als Krisenfeuerwehr an den mulmigen Stellen der Hauptkampflinien. Ihre Verluste stie-

Bild linke Seite oben: Vereidigung von Rekruten der 12. SS-Panzerdivision „Hitlerjugend“. Bild linke Seite unten: Füsiliere der Freiwilligen-Division „Großdeutschland“ im Häuserkampf in Kirowograd 1944. Bild oben: Soldat der Waffen-SS erwartet mit wurfbereiter Handgranate den gegenerischen Angriff.

... unter Anwendung schärfster Mittel

Befehl des Heeres-Generalstabschefs Zeitzler zur »Wiederherstellung der Kampfkraft der kämpfenden Front«, 5.12.1943

Der Führer hat für die gesamte Wehrmacht, einschließlich der Waffen-SS am 27. November 1943 folgendes befohlen:

Ich bin entschlossen, mit den rücksichtslosesten Methoden die Kampfkraft der kämpfenden Front wiederherzustellen und jeden Widerstand gegen die dazu erlassenen Befehle mit drakonischen Strafen zu brechen.

Abgesehen davon, daß alle Möglichkeiten der Kräftezuführung aus dem zivilen Bereich erschöpft werden, müssen nunmehr vor allen Dingen die Wehrmachtteile und die Waffen-SS aus ihrem eigenen Bereich alle für den Kampf geeigneten und erforderlichen Kräfte dem Fronteinsatz zuführen.

Ich fordere, daß durch die von den Wehrmachtteilen und der Waffen-SS sofort einzuleitenden Maßnahmen mindestens eine Million Männer aus dem eigenen Bestand erfaßt und dem Fronteinsatz zugeführt werden.

Im einzelnen befehle ich:

1. Die Wehrmachtteile und die Waffen-SS haben umgehend – erforderlichenfalls unter Anwendung schärfster Mittel – aus ihrer gesamten rückwärtigen und Heimatorganisation sämtliche Offiziere, Beamte, Unteroffiziere, Mannschaften, männliche Angestellte und Arbeiter ohne Rücksicht auf Alter und Tauglichkeitsgrad, die nicht für kriegs- und kampfentscheidende Zwecke eingesetzt oder ausgelastet sind, zu erfassen und über besonders zu bestimmende Sammelpunkte nach entsprechender Ausbildung zum Kampfeinsatz zu bringen oder zum Freimachen anderer kampffähiger Soldaten zu verwenden.

2. Die Stärkenachweisungen aller Kommandobehörden und der nicht zum Kampf eingesetzten Dienststellen und Einheiten, einschließlich Versorgungsdiensten und Trossen – insbesondere in der Heimat und in den besetzten Gebieten–, sind durch die Wehrmachtteile und die Waffen-SS einer scharfen Prüfung zu unterziehen und, soweit dies bisher noch nicht durchgeführt ist, unter rücksichtsloser Kürzung neu festzusetzen. Durch die Kürzung der Stärkenachweisungen sind mindestens 25 % der Soldaten und Beamten aller nicht zum Kampf oder zur unmittelbaren Kampfführung eingesetzten Kommandobehörden, Dienststellen und Einheiten einzusparen. Die hierdurch freiwerdenden Wehrmachtbeamten sind als Soldaten zum Kampfeinsatz zu bringen oder zum Herauslösen kampffähiger Soldaten zu verwenden...

7. Die Tauglichkeitsbegriffe sind beschleunigt zu vereinfachen mit dem Ziel, möglichst viele verwendungsfähige Soldaten für die kämpfende Truppe herauszulösen. Die Genesungsdauer kranker und verwundeter Soldaten muß weitgehend verkürzt werden.

8. Der Einsatz ziviler Arbeitskräfte (auch der Frauen) und der Kriegsgefangenen in der Wehrmacht ist mit dem Ziel, noch mehr Soldaten für die Front freizumachen, erneut einer Prüfung zu unterziehen.

gen enorm, die Verbände bluteten aus. Im Januar 1942 hielt das SS-Regiment »Der Führer« vor Rschew bei 52 Grad Kälte wochenlang eine gefährdete Frontstelle. Am 18. Februar, als das Regiment abgelöst wurde, erschien Generaloberst Model, Oberbefehlshaber der 9.Armee, und fragte den Obersturmbannführer Otto Kumm, wie stark das Regiment »Der Führer« noch sei. Kumm wies zum Fenster hinaus. Draußen stand das Regiment angetreten: 35 Mann waren es noch – von 2000. 1943 hatten die SS-Fronttruppen bereits ein Drittel ihrer anfänglichen Ist-Stärke eingebüßt; und Waffen-SS-Führer argwöhnten mitunter, daß die Führung des Heeres die SS absichtlich »verheizen« wolle, um die gefährliche Konkurrenz auszuschalten.

Häufiger aber bildeten sich kameradschaftliche Beziehungen zu den Heeres-Angehörigen. Zu ihnen fühlten sich die SS-Soldaten weit eher hingezogen als zu ihrem Reichsführer Heinrich Himmler – je länger der Ostfeldzug dauerte, desto spürbarer wurde die Entfremdung, um so eigenwilliger wurden die SS-Führer.

Der SS-General Paul Hausser verweigerte im Februar 1943 einen Halte-Befehl und räumte die Stadt Charkow. Er bewahrte so sein SS-Panzer-Korps vor der sicheren Vernichtung und schuf die Voraussetzungen für eine Gegenoffensive.

Der SS-Personalchef von Herff schrieb 1942 über einen Kreis von SS-Generalen: »Vom SS-mäßigen Denken und Wollen sind sie weit entfernt. Sie wollen nur Gardesoldaten sein, das andere ist für die Nebensache.«

Himmler klagte über die Beflissenheit, mit der sich manche SS-Verbände der Wehrmacht – ganz gegen seine Befehle - unterstellten, und bemängelte, daß immer häufiger SS-Dienstgradbezeichnungen durch solche der Wehrmacht ersetzt würden. Felix Steiner wurde gerügt, weil er stets seine Befehle mit »General Steiner« unterschriebe – wobei sich Steiner sogar im Recht befand, weil Himmler den Führern vom Brigadeführer aufwärts zusätzliche Generalsdienstränge zuerkannt hatte. In der Truppe unbeachtet blieben denn auch Befehle über weltanschauliche Schulung. Als Himmler den Obergruppenführer Bittrich nach den harten Kämpfen an der Invasionsfront wegen kritischer Äußerungen absetzte, blieb Bittrich ungerührt auf seinem Posten und wurde vom Generalfeldmarschall Model, dem Oberbefehlshaber West, in seiner Haltung bestärkt.

Felix Steiner wiederum – der Reformer der Waffen-SS – bezeichnete Himmler einmal als »schlampigen Romantiker«, und der Reichsführer SS rächte sich und schrie ihn an: »Sie sind mein ungehorsamster General!« Steiner kritisierte aber auch die »Untermenschen-Politik« gegenüber den Ostvölkern und begrüßte seine Soldaten nur noch mit »Heil!« anstatt mit »Heil Hitler!« Steiner meldete auch einen alten Freund nicht, der ihm im Juni 1943 anvertraute: »Wir werden Hitler totschlagen müssen, bevor er Deutschland zugrunde richtet!«

Als am 20. Juli 1944 tatsächlich der Versuch unternommen wurde, Hitler umzubringen, kam es in Paris zu einer geheimen Front zwischen SS und Wehrmacht gegen das Reichssicherheitshauptamt. Zwar konnte die Gestapo führende Männer des Widerstands in Paris verhaften, doch zahlreiche Verschwörer und Mitwisser wurden von SS-Gruppenführer Oberg gerettet. Ge-

Je länger der Krieg dauerte, desto stärker mußte die Waffen-SS auf Freiwillige der verbündeten und auch der besetzten Länder zurückgreifen. Im III. SS-Panzerkorps dienten schließlich Norweger, Schweden, Dänen, Finnen, Letten, Volksdeutsche aus Rumänien, Belgier und Niederländer.
Bild linke Seite: Verabschiedung von Freiwilligen der niederländischen SS-Division vor dem Abtransport an die Ostfront. Vorn rechts der Reichskommissar der Niederlande, Arthur Seyß-Inquart. Bild oben: Léon Legrelle, Gründer der „Légion Wallonie", die 1943 als „SS-Brigade Wallonien" der Waffen-SS eingegliedert wurde, erhält von Hitler das Eichenlaub zum Ritterkreuz des Eisernen Kreuzes und die Goldene Nahkampfspange (29. August 1944). Bild rechts: Finnischer Freiwilliger der Waffen-SS.

... alle männlichen Personen zu erschießen

»Flaggenbefehl« an die Polizei, 7.4.1945

Reichsführer SS hat befohlen:

1. Im jetzigen Zeitpunkt des Krieges kommt es einzig und allein auf den sturen unnachgiebigen Willen an zum Durchhalten.

2. Gegen das Heraushängen weißer Tücher, das Öffnen bereits geschlossener Panzersperren, das Nichtantreten zum Volkssturm und ähnliche Erscheinungen ist mit härtester Maßnahme durchzugreifen.

3. Aus einem Haus, aus dem eine weiße Fahne erscheint, sind alle männlichen Personen zu erschießen. Es darf bei diesen Maßnahmen in keinem Augenblick gezögert werden.

nerale der Waffen-SS, darunter auch Sepp Dietrich, erreichten immerhin die Freilassung der Wehrmachtgenerale Speidel und Heusinger sowie des Obersten Graf Kielmansegg aus der Gestapo-Haft.
Dennoch: Die Waffen-SS focht als die Garde mit Erfolg weiter, und Hitler setzte alle seine Hoffnungen auf sie. Ersatz für die verbluteten Divisionen mußte her, neue Divisionen sollten zusätzlich entstehen. Freiwilligenmeldungen zur Waffen-SS waren selten. Das Hauptreservoir bildeten fortan die volksdeutschen Gruppen in den besetzten Gebieten. Doch Theodor Eicke hatte schon früher moniert: »Viele (Volksdeutsche) können nicht deutsch schreiben und lesen. Sie verstehen die Kommandosprache nicht und neigen zu Ungehorsam und zur Drückebergerei. Gegebene Befehle werden meist nicht durchgeführt, mit der Ausrede: Man habe nicht verstanden, was der Vorgesetzte von ihnen will. Der Feigheit wird auf diese Weise Vorschub geleistet.«
Da erwies sich ein anderer Mannschaftsersatz als weit besser: die europäischen Freiwilligen. Gut 200 000 Freiwillige aus nahezu allen besetzten europäischen Ländern kämpften wie die Teufel. Allerdings: Ihnen waren Versprechungen gemacht worden – die Unabhängigkeit ihrer Heimatländer in einem nationalsozialistischen Europa –, die sich nicht erfüllen ließen. Die Waffen-SS-Führer selbst hatten an diese Versprechungen geglaubt. Nun befanden sie sich in einem Gewissenskonflikt. Die Truppe schloß sich enger zusammen, mißtrauisch gegen alles, was »von oben« kam. Inzwischen gingen in der Heimat die Werber der Waffen-SS um: In Wehrertüchtigungslagern der Hitlerjugend und in den Formationen des Reichsarbeitsdienstes lockten sie junge Männer an, und wenn die Lockungen erfolglos blieben, griffen sie zu Methoden, die an das Pressen zum Heeresdienst zu Zeiten der Feudalherrscher erinnerten.
Doch nach dem Hitler-Attentat vom 20. Juli 1944 wuchs Himmlers Macht weiter: Er wurde Befehlshaber des Ersatzheeres, und damit unterstanden ihm auch die Heeresrüstung und das Kriegsgefangenenwesen. Er konnte jetzt Divisionen und Generalkommandos aus dem Boden stampfen – die Mannschaften wurden kurzerhand zur Waffen-SS eingezogen. Heeresverbände wurden geschlossen in die Waffen-SS hineinbefohlen, später auch Marine- und Luftwaffensoldaten. Offiziere wurden jedoch – um den Anschein der Freiwilligkeit zu wahren – nur übernommen, wenn der SS-Kommandierende die »SS-mäßige Eignung« nach mehrmonatiger »Probezeit« bescheinigte und die betreffenden Offiziere ihr Ausscheiden aus dem Offizierkorps des Heeres selbst beantragten.
Ende 1944 bestanden 38 Waffen-SS-Divisionen auf dem Papier, viele trugen bombastische Namen, doch ihr Kampfwert entsprach keineswegs mehr dem der ursprünglichen Elitetruppen. Himmler stellte daneben noch Volksgrenadier-Divisionen auf, die nach seinen Worten dazu ausersehen waren, die neuen Divisionen eines neuen Heeres

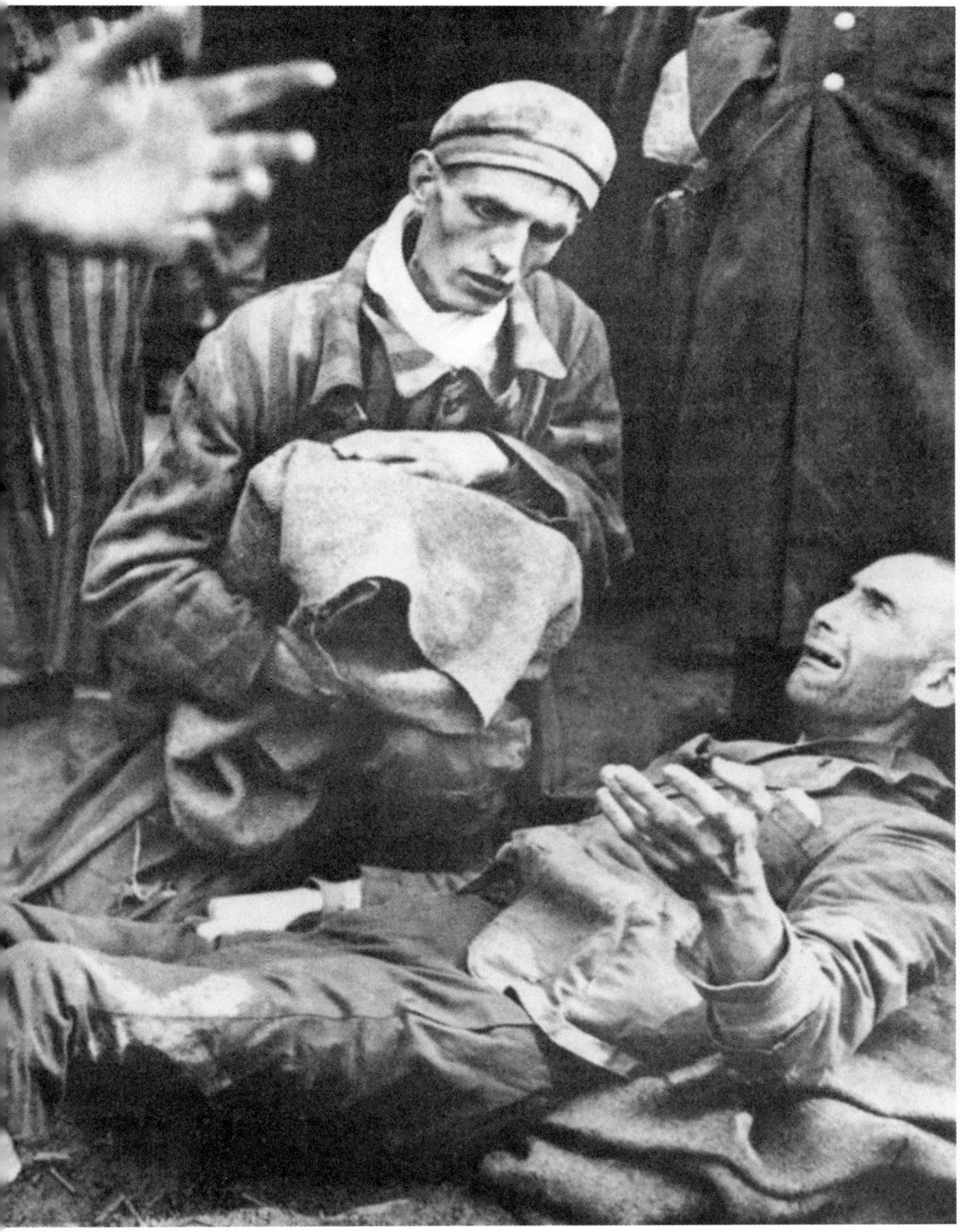

Zur Beurteilung der Waffen-SS schrieb Kurt von Einem, Brigadegeneral der Bundeswehr a.D.: „Die Tragik der Waffen-SS ganz allgemein bestand darin, daß sie als Teil der Gesamt-SS dem Befehl desselben Reichsführers unterstand - unabhängig von ihrem jeweiligen Einsatz an der Front... dem oberflächlich Informierten ist es daher kaum möglich, zwischen den rein militärischen Verbänden der Waffen-SS und den vielen SS-Einheiten zu unterscheiden, an denen infolge ihrer Verwendung in Heimat und besetzten Gebieten das Odium des Terrors und der KZ-Greuel bis heute hängenblieb.“
Bild linke Seite: Die Ruinen von Oradour-sur-Glane, wo am 10. Juni 1944 Einheiten der SS-Division „Das Reich“ 642 Einwohner im Alter zwischen 18 Tagen und 85 Jahren grausam ermordeten. 202 Männer wurden auf offener Straße zusammengetrieben und erschossen. 239 Frauen und 201 Kinder wurden in der Kirche des Dorfes eingesperrt und bei lebendigem Leibe verbrannt.
Bild oben: Häftlinge eines Konzentrationslagers nach ihrer Befreiung 1945.

zu werden – tatsächlich aber wurden sie nach kurzer Ausbildung in den Kampf geworfen und verbluteten. Himmler stellte auch drei SS-Generalkommandos auf, die zum Teil aus dorthin kommandierten Heeresoffizieren bestanden, über sich ein Armeeoberkommando des Heeres und unter sich normale Heeresdivisionen hatten, doch nicht immer einen Verband der Waffen-SS.

Der Waffen-SS war in den Kriegsjahren eine ernstzunehmende Konkurrenz erwachsen: Während das Heer unter Himmlers Einfluß rapid an Macht verloren hatte, weigerte sich der Luftwaffen-Oberbefehlshaber, Hermann Göring, 50 000 Mann Luftwaffensoldaten an die Waffen-SS abzugeben. Er vergrößerte vielmehr mit ihnen die Zahl seiner Fallschirmjägerdivisionen. Kampferprobte Fallschirmjäger als Kader schufen daraus eine Truppe, die den besten SS-Divisionen vergleichbar war.

Himmler wiederum fiel auf einen Vorschlag des intrigenreichen Martin Bormann herein, den Oberbefehl über eine Heeresgruppe zu übernehmen. Damit war er aus dem Führerhauptquartier entfernt und büßte seinen Einfluß ein, um so mehr, als er als Feldherr kläglich versagte.

Die Rote Armee stieß auf Berlin vor, und Hitler sah seine Rettung in der Waffen-SS. Am 21. April 1945 befahl er dem SS-Obergruppenführer und General der Waffen-SS Felix Steiner, mit seiner hart angeschlagenen Armeegruppe den Russen »die größte Niederlage, die blutigste Niederlage ihrer Geschichte vor den Toren Berlins« zuzufügen.

Den ganzen folgenden Tag wartete Adolf Hitler auf den Beginn von Steiners großer Entlastungsoffensive. Doch Steiner erteilte den Angriffsbefehl nicht. Ihm war klar, daß er mit seinen zehntausend Mann gegen hunderttausend Russen nichts mehr erreichen konnte. Da begann Hitler zu toben: Alle hätten ihn im Stich gelassen, erst die Wehrmacht, nun auch die SS.

Die Frontsoldaten der Waffen-SS aber – sofern sie noch lebten – marschierten in die Gefangenschaft und vermochten den Haß nicht zu begreifen, den die meisten ihrer Bewacher ihnen entgegenbrachten.

INHALT

Vom 100.000-Mann-Heer zur modernen Angriffsarmee 5
Die „vorläufige Reichswehr" 5 • Kooperation mit der Sowjetunion 9 •
Der Aufbau der Wehrmacht 11 • Intrigen und Putschpläne 14

Der „Sichelschnitt" 21
Mansteins Plan 21 • Vormarsch der Panzer 25 • Bremser Hitler 28 •
Dünkirchen und die Folgen 32

Panzerkampf in der Wüste 35
Churchills „Panzer-Parlament" 35 • Unternehmen „Streitaxt" 39 •
Der „Wüstenfuchs" 40

Vor Moskau 44
Auf den Spuren Napoleons 44 • Stalins Nervenkrise 48 • In Sichtweite des Kremls 50 •
„Kraft zu Ende" 54 • General Winter übernimmt das Kommando 57

Kampf um den Kaukasus 61
Über den Don 62 • Auf dem Elbrus 67 • Stockender Nachschub 70 • Lockendes Öl 73 •
Der Rückzug 75

Die Waffen-SS 79
Die Ausschaltung der SA 79 • Die „SS-Verfügungstruppe" 80 • Himmlers Macht 85 •
„Der Orden unter dem Totenkopf" 89

Bildquellen: „Der Adler", Verlag August Scherl Nachf., München; Erich Andres, Hamburg; „Berliner Illustrierte", Ullstein Verlag/Deutscher Verlag, Berlin; Peter Blachian, München; „Deutschland im Kampf", Verlagsanstalt Otto Stolberg, Berlin; „Die Deutsche Wehrmacht", Cigaretten-Bilderdienst, Dresden; „Die Kriegsmarine", Heinrich Beenken Verlag, Berlin; „Die Wehrmacht", Verlag Die Wehrmacht, Berlin; Gente, Guerra Civile, Mailand; „Geschichte des großen vaterländischen Krieges der Sowjetunion", Deutscher Militärverlag, Berlin; Walter Hackl, Wien; „Hitler baut Großdeutschland", Zeitgeschichte Verlag, Berlin; „Hitler im Westen", Zeitgeschichte Verlag, Berlin; „Illustrierte Zeitung", Verlag von J.J.Weber, Leipzig ; Imperial War Museum, London; „Männer und Waffen des deutschen Heeres", G. Grote Verlag, Berlin; „Mit Hitler in Polen", Zeitgeschichte Verlag, Berlin; Lothar Rübelt, Wien; Hans Schaller, Berlin; „Signal", Deutscher Verlag, Berlin; Rolf Steinberg, Berlin; „Unser Weg zum Meer", Verlag Die Wehrmacht, Berlin; U.S. Army Historical Collection, Washington; U.S. Navy War Photographs, „U.S. Camera", New York; „Wir haben es nicht vergessen", Polonia Verlag, Warschau; Archiv Zentner, München; des weiteren andere zeitgenössische in- und ausländische Publikationen und Bildarchive der am Krieg beteiligten Nationen.

2. Auflage
Originalausgabe

Umschlaggestaltung: Werbeagentur Zeuner, Ettlingen
Umschlagfoto: Archiv VPM
Text und Redaktion: Jochen Brennecke, Dieter Dürk, Mathias Färber, Fritz Langour,
Karl Ludwig Opitz, Horst Gunther Tolmein, Gunter Stein
Druck und Bindung: Printer Portuguesa
Printed in Portugal 1996
ISBN 3-8118-4222-6